El ADN de mi Re-Evolución

Un viaje por el no tiempo y espacio

Selene Serrano Garmendia

El ADN de mi RE-Evolución

Nota Legal

El ADN de mi Re-Evolución.

Aclaraciones sobre el contenido.

Aunque se han cuidado previamente los detalles de formato, diseño y cortes de palabras al cambio de renglón, al momento de seguir los formatos, Amazon puede hacer alteraciones que reflejen una falta de cuidado. Por favor, paciencia.

En "El ADN de mi RE-Evolución", los hechos son reales, los personajes fueron modificados para cuidar la privacidad de los mismos. Las historias aquí contadas tienen como finalidad ilustrar la vida de cualquier persona, invitan a la reflexión y si el lector se da la oportunidad, podrá encontrar muchas aristas dentro del mismo relato.

"El ADN de mi RE-Evolución" es una obra corta pero de mucho valor. Si la autora tiene éxito con su propósito, será una experiencia de introspección, de conectar con la parte más profunda de tu ser.

De antemano prepárate para leer un escrito lleno de honestidad, aventura, pasión y a la vez, un tanto despreocupado y disruptivo.

Aclaraciones del formato digital y libro físico.

"El ADN de mi RE-Evolución", está disponible tanto en formato digital como libro físico de pasta blanda en Amazon.

Aunque se han cuidado previamente los detalles de formato, tamaño de las fotos y documentos, diseño y cortes de palabras al cambio de renglón, al momento de seguir los formatos Amazon puede hacer alteraciones que reflejen una falta de cuidado. Por favor, paciencia.

Catálogo de compra del libro pasta blanda:

El libro tapa blanda no aparece en el catálogo www.amazon.com.mx (México), aparece en el catálogo internacional: Amazon.com / Amazon.co.uk / Amazon.de / Amazon.fr / Amazon.es / Amazon.it / Amazon.co.jp

Catálogo de compra del ebook:

Está disponible en el catálogo: Amazon.com.mx / Amazon.com / Amazon.in / Amazon.co.uk / Amazon.de / Amazon.fr / Amazon.es / Amazon.it / Amazon.co.jp / Amazon.com.br / Amazon.ca / Amazon.com.au.

El ebook puede ser leído sin necesidad de requerir dispositivo Kindle. Descarga una de las aplicaciones gratuitas de Kindle para comenzar a leer libros de Kindle en tu smartphone, tableta y equipo.

Desde luego, también puede ser leído en el dispositivo especializado de Amazon Kindle.

Este libro participa en el programa de Kindle Unlimited con costo de $0.00, por tanto si usted ya paga o posee la membrecía de Kindle Unlimited lo descargará y leerá sin costo.

kindleunlimited

Dedicatoria y agradecimientos.

Gracias a la divinidad a la que todos pertenecemos y de la cuál fuimos creados.

Gracias a mis padres que me dieron la vida y sigo teniendo la bendición de contar con su presencia. Gracias por todo lo que me han brindado tangible e intangible. Han sido una increíble fuente de aprendizaje.

Gracias a mis hermanas de sangre que han estado en los momentos más duros y difíciles de estos 41 años.

Gracias a los tres angelitos que decidieron elegirme como madre por un lapso de tiempo corto y siguen cumpliendo su misión al acompañarme en cada viaje, en cada nuevo proyecto y me cuidan desde otra dimensión.

Gracias Miguel por tu amor incondicional, tu paciencia, tu entrega y pasión. Gracias infinitas por todo tu apoyo y soporte en los años que estuvimos juntos.

Gracias a mis 3 sobrinas y 2 sobrinos que han sido fuente de grandes alegrías e inspiración.

Gracias Bibiana G, mi prima adorada por confiarme tu hermoso espacio para abstraerme y enfocarme en escribir.

Gracias Ricardo por ayudarme en todo el proceso, por ser la persona que estuvo dando seguimiento del avance y por inspirarme a dar a luz este primer libro.

Gracias a todas y cada una de las mujeres que me han acompañado los últimos años, me siento muy sostenida y bendecida por su presencia en mi vida.

Gracias a todas las personas que han sido parte de mi camino; algunas por momentos breves y fugaces; otras de forma transcendental.

Dedico este libro a los excluidos de los sistemas familiares, los "locos" los hijos fuera del matrimonio, los hijos abortados, a todos aquellos que por no haber cumplido con los estándares establecidos los mantuvieron aislados y alejados del clan.

También lo dedico a todas las mujeres que se han sentido en momentos de confusión, de crisis existencial, al borde de la locura; a quienes les han hecho creer que su poder está afuera: en un título universitario una pareja, un puesto de trabajo, un hijo o en formar una familia.

A todas las mujeres de alma rebelde y corazón apasionado, deseo que continúen en su camino hacia la plenitud de su SER.

Introducción.

El "ADN de mi Re-Evolución" es un libro autobiográfico y pretende quedar como testimonio de vida.

Alguna vez leí la pregunta **¿Si tu vida fuera un libro, lo leerías?** Se quedó muy grabada en mi y deseo que esta historia; que bien puede ser de cualquier persona, pueda conectar con momentos de tu vida, que te inspire a reflexionar sobre muchas de las cosas que damos por hecho y que integres la importancia de un profundo autoconocimiento para llevar una vida en congruencia con tu verdadero ser. "Quien no conoce su historia, tiende a repetirla".

De inicio cuando pensé en el libro hace más de 10 años, me obsesioné con descubrir "la verdad" de mi familia. Cómo en todas, existen muchas historias incompletas, no contadas, secretos ocultos y quería reconstruir el rompecabezas. Quería saber todo, desde mis tatarabuelos o de ser posible, antes.

Confieso que sonaba a locura, hoy se que era una idea poco real y que no me alcanzaría la vida para completarla.

Si bien me he sentido guiada para revelar secretos y datos importantes, hoy estoy segura de que lo más importante no es reconstruir el pasado, simplemente es resignificarlo para disfrutar del presente y crear el futuro que deseo sin tanta carga de patrones y creencias limitantes.

Tengo la certeza de que todas y cada una de las cosas que sucedieron, fueron perfectas, si hubieran sido diferentes; no estaría ni aquí, ni ahora.

En el libro descubrirás mi pasión por la genealogía, por las fechas y por detalles que llegaron a ser señales mágicas del universo. Si eres de las personas súper racionales, no te preocupes, he encontrado sustento científico para casi todas las cosas de las que hablo en el libro, sin embargo; te sugiero que inicies la lectura con la mente abierta, con deseos de adentrarte en la historia contada de una manera un tanto desordenada e irreverente.

El libro está escrito en formato de diario, los días marcados son los días en los que escribí así cómo los lugares dónde lo hice.

De inicio, es una deuda conmigo misma, es una manera de trascender aquello que viví y en su momento fue muy vergonzoso, me causó un dolor inmenso y me llevó a estar en depresión profunda después de haber vivido un episodio de manía y recibir un diagnóstico psiquiátrico cuyo pronóstico era completamente desalentador.

Dice el dicho "Nadie experimenta en cabeza ajena"; sin embargo, mi deseo y más profundo anhelo, es creer que hablar desde el corazón y mostrar sin tapujos mi historia pueda ayudar a que más personas tomen consciencia de la importancia de reconocernos humanos, de poder mostrar nuestra vulnerabilidad, de saber que hoy estamos y en pocos minutos podemos dejar de estar en el plano físico, de disfrutar la vida así como es sin pretender cambiarla, de comprender que lo mejor que podemos hacer es encargarnos de nosotros mismos, de sanar nuestras heridas, vivir en paz y en congruencia y desde ese lugar, brindar nuestros dones al mundo.

Prólogo.

¿Alguna vez te han llamado loc@?

En mi familia materna era una palabra vetada. Era peor que cualquier ofensa o grosería.

Hasta los 31 años creía que no importaba de dónde venía y quienes eran mis ancestros, descubrí la trascendencia que la información genética juega en nuestra interpretación de la vida y en cómo reaccionamos ante situaciones desconocidas.

El "ADN de mi Re-Evolución" es una obra autobiográfica. Habla de distintas etapas de mi vida. Se centra en la crisis existencial que viví hace 10 años. Aquellos que la vivieron de cerca, llegaron a creer que había enloquecido. Narro cómo se detonó mi revolución interna y como derivó en una Re-Evolución profunda.

Mi vida aparentemente era "perfecta". Estaba casada con un hombre que me amaba, vivía en un lugar espectacular, trabajaba en una empresa transnacional a nivel gerencial con una carrera en ascenso, en fin; "aparentemente" todo estaba,"bajo control".

Había logrado cumplir con prácticamente todas las expectativas que una mujer con carrera profesional a mi edad, hubiera deseado.

¿Qué faltaba? Hoy puedo decir que casi todo, faltaba la pieza más importante para mí, el vivir bajo mis propios términos y cumpliendo mis sueños. Faltaba conocerme a profundidad, identificar y gestionar mis emociones, faltaba descubrir para que vine a esta vida, darme cuenta que para ser una mujer "fuerte" no es necesario competir con los hombres, que para ser fuerte muchas veces nos tenemos que partir en pedacitos y desde ahí volver armar nuestro rompecabezas.

Con profundo agradecimiento regresé al pasado para resignificar mi historia, para hablarle a todas aquellas personas que han tenido un quiebre fuerte en su vida y que muchas veces sienten que es el final.

¿Fue fácil el proceso? Definitivamente no, tuve que echarme un clavado a la parte más oscura de mi ser, lidiar con todos y cada uno de mis demonios, darme permiso de sentir, de ser vulnerable, de dejarme cuidar, de aprender a confiar en el plan divino y de aprender poco a poco a saber recibir.

Estoy consciente que todavía me queda mucho por avanzar, por aprender, por compartir, por VIVIR.

El ADN de mi Re-Evolución es un pedacito de mi historia, un pequeño fragmento de mi, hoy puedo decir también, que ha sido un gran proceso sanador y de liberación.

El ADN de mi RE-Evolución

Mis días en
San Miguel de Allende, Guanajuato

El ADN de mi RE-Evolución

1 de Junio 2021, San Miguel de Allende, GTO

Estoy venciéndome a mí misma, escribir es algo que amo hacer desde pequeña, desde que descubrí en la primaria la capacidad de sacar de mi mente todas las ideas, pensamientos y sentimientos que me agobiaban en ese momento.

No recuerdo desde que edad escribí diario; sí, los clásicos diarios en los que les confiesas tus deseos, tristezas, miedos, anhelos, pero también; tus más profundos y oscuros secretos.

Llevo 10 años con este libro en la mente, debo confesar que he postergado en múltiples ocasiones su escritura, me da pavor; quiero imaginar que la experimentan la mayoría de los escritores amateurs.

Me frustra mucho que cualquier cosa puede distraerme y prefiero estar "haciendo cosas productivas" antes que ponerme a escribir.

Es súper infantil, pero ya empezaron a rodar unas lágrimas por mis mejillas. Creo que darme el tiempo de hacerlo, es algo que he deseado con toda mi alma, pero siempre "hay otra cosa mejor" que hacer.

¿Has escuchado del síndrome del impostor? Probablemente sí, es un concepto muy mencionado. En pocas palabras es no sentirte suficientemente bueno para hacer algo. Tristemente, me sigue pasando.

En los últimos años lo he vencido en varias ocasiones.

Era el 2017, yo tenía 37 años y ya había pasado la crisis existencial de los 31, de nuevo estaba transitando por etapa depresiva, me sentía poco capaz de ser autosuficiente, dependía emocional y económicamente de mi compañero de vida, B.M.

Siempre he amado viajar y ese año no era la excepción, sentía un gran vacío existencial.

Mi vida, aunque aparentemente volvía a tener "todo" para ser feliz, no era así.

A finales de octubre de ese año decidí emprender un viaje "sola" a Colombia; por supuesto a B.M. no le gustó nada la idea, su concepto de pareja y la mía, en muchas ocasiones diferían. Recuerdo haberle mencionado mi deseo e incluso mostrarle los boletos de avión muy accesibles que había encontrado para que fuéramos juntos. Cómo la mayoría de las ocasiones que le proponía un viaje, no le generó ninguna ilusión y lo dejó pasar.

Entendía que su trabajo no le permitía despegarse tantos días, eso a mí, me frustraba muchísimo.

De Colombia podría escribir mucho, iniciando porque gracias a una de mis primas conocí a una mujer maravillosa de nombre Gloria, que sin conocerme, pasó por mí al aeropuerto de Cali, me llevó a conocer algunos puntos turísticos, me invitó a comer y me dio hospedaje; lo más increíble de todo, sin conocerme. De esos ángeles en la vida que he tenido la dicha de conocer.

Estuve 12 días en ese país maravilloso viajando por Cali, Barranquilla, Santa Marta, Taganga, Cartagena y por último; Isla Grande. Fueron días increíbles de reconexión conmigo misma, días en los que podía ser yo sin tener que aparentar, días en los que me permitía fluir y viajar sin un itinerario.

De los momentos más significativos de ese viaje fue cuando fui a cenar al reclusorio de mujeres ubicado en el centro de Cartagena. Ahí pude inspirarme en escribir.

El ADN de mi RE-Evolución

Cartagena de Indias, 4 de Noviembre de 2017, 21:36 hrs.

Estando en la cárcel Distrital de San Diego (cárcel de mujeres) en el restaurante Interno, lugar atendido por reclusas; donde la comida y el servicio son excepcionales y ver, que a pesar de su condición y privadas de su libertad, tienen las ganas de aprender y encontrar una forma alterna de vivir.

Bailan, ríen, se divierten y sobre todo; se esmeran por hacerte sentir como en un restaurante "normal" aunque no puedo evitar tener un nudo en la garganta y contener las lágrimas de pensar en estar por un minuto en sus zapatos. (Me quito las lágrimas con la mano intentando que no lo noten).

Las historias son diversas: mujeres asesinas, extorsionadoras, trata de menores, en fin; eso no importa al momento que toman la decisión de darle un giro a su vida y sentir que realmente existen las "Segundas Oportunidades".

Conmovida por completo de tener la bendición de estar en este lugar. De todo mi viaje, sin duda; ha sido la cena más costosa y a la vez, la que pagaré con mayor gusto y sobre todo; de corazón.

Con la convicción, de que cuando estas mujeres cumplan su condena, verán la vida diferente.

Los que cenamos aquí y compartimos la experiencia de estar en este lugar tan contrastante y para muchas personas "peligroso" estamos eso: sólo un momento. Ellas regresan a su celda a lidiar con sus demonios, a intentar encontrar la paz en su alma y sobre todo; imagino que deseando con todas sus fuerzas en algún momento salir de aquí y llevar una vida fuera de todo lo crudo de esta etapa.

10 días en Colombia y hasta hoy logro escribir un poco. He conocido lugares espectaculares, llenos de historia y magia. Días en los que personas de varios lugares del mundo han sido personajes en esta película. Mí película.

Feliz de sentirme protagonista y dueña de mi vida, descubriendo sabores y olores diferentes. Hasta ahora, supe que mi fruta favorita es producida aquí, una gran sorpresa ya que en México la conocemos como granada china y no, Colombia es el principal productor.

Me he sentido muy cuidada y acogida por personas súper lindas que en todo momento han querido que esté a salvo y disfrute de su maravilloso país. Con la canción "De colores" de fondo vuelvo a sonreír y sentir que mi corazón late más fuerte.

Esta soy yo: la aventurera, irreverente, atrevida, con ganas de recorrer el mundo entero y seguir descubriendo cosas increíbles que me llenan de vida y emoción.

Me impacta lo contrastante que es la ciudad de Cartagena. Zonas impresionantes de desarrollos turísticos, la zona del Centro con una arquitectura maravillosa que para donde volteas encuentras detalles increíbles y una zona marginada, de mucha pobreza y la gente viviendo en condiciones deplorables. Mañana temprano salgo a Isla Grande, en Islas del Rosario. Ya está por terminar mi viaje y me quedan tantos y tantos lugares por recorrer. Hoy es luna llena y está espectacular, sin duda, eso favorece que aumente mi sensibilidad. Dios mío, no me cansaré de agradecer la oportunidad de estar aquí y ahora y de estar viviendo tantas experiencias tan enriquecedoras. Deseo que regrese a mí este gran don de la escritura. Muchas cosas por compartir y muchas por vivir. Infinitas gracias!!!

En el último año había vivido cosas que definitivamente me hacían sentir muy mal, muy culpable y me sentía profundamente avergonzada. De nuevo no había tenido la fuerza de poner límites y continuaba siéndome infiel y viviendo una vida que no era la que yo deseaba.

Años atrás y después de 4 psiquiatras que confirmaron mi "diagnóstico" aproximadamente en el 2015 por fin llegué con una Psicoterapeuta que fue la primera en decirme que yo no tenía trastorno bipolar. Sin duda había sido una lápida inmensa que aunque internamente no quería comprarla, no conseguía nada al exterior que me diera las herramientas para confiar en que no estaba condenada de por vida.

El ADN de mi RE-Evolución

Fabiola mi terapeuta, fue una pieza fundamental en mi proceso, fue quien me ayudó a ir acomodando la historia familiar, a entender quienes eran mis dobles en el árbol genealógico y a ir viendo con compasión muchas de las historias que yo juzgaba duramente.

De nuevo entran las ideas de autosabotaje, mi mente me quiere convencer que no vale la pena escribir, que aún no soy la súper exitosa conferencista, facilitadora, maestra o empresaria u lo que sea que se necesite, para que la gente desee leer mi libro.

Esa es otra de las cosas que me han hecho mucho daño, el juicio constante, he juzgado mi vida, "mis errores", mis decisiones y por supuesto; mis indecisiones.

Haré todo lo posible por escribir con el corazón, dejando a un lado la razón que me dice que aun no tengo la historia maravillosa que contar y que probablemente nadie lo lea.

Hace 2 días cumplí 41 años, estoy de nuevo en etapa de cuestionamientos … desconozco si algún día desaparecerán.

Este libro es un regalo para mí, es la forma de darme cuenta que así como puedo ser muy volátil y distraída, también puedo hacer la disciplina de concentrarme en un objetivo.

Quiero agradecer profundamente estar en este lugar tan mágico, bello e inspirador. Una cabaña llena de plantas y detalles elegidos con mucho amor. Frente a mí, una buganvilia que mientras escribo, es visitada por colibríes; a un costado, rodeado de flores, mi cuadro favorito de favoritos: Papilla Lunar de Remedios Varo, me acompaña un té que ya se enfrió y unas molestas moscas que ponen a prueba el dicho de distraerme "hasta por que vuela la mosca" me río un poco con mis propios pensamientos.

A lo lejos se ve una presa que al parecer tiene mucho menos agua de lo normal, pasan algunos coches por la calle empedrada y aunque la carretera está a un km de distancia, mi oído capta los sonidos.

He visto mariposas amarillas y en la mañana vinieron a visitarme dos perros que viven en la cabaña de al lado, se ve que son cachorros muy inquietos y juguetones.

Gracias infinitas Bi por confiarme tu espacio mágico para inspirarme y conectar conmigo y darme la oportunidad de hacer mi sueño realidad.

El ADN de mi RE-Evolución

Empecemos con la historia.

¿De dónde nace mi deseo e intención de escribir?

Vamos a recordar juntos, intenta pensar que acabas de llegar a este planeta.

¿En qué ciudad y país naciste?

¿A qué hora?

¿En casa o en un hospital?, ¿Público o privado?

¿Cómo fue la labor de parto?, ¿Duró pocas horas o fue muy largo y doloroso?

¿Cómo fue tu parto, natural o cesárea?

¿Cómo se llamó la persona que te recibió en este mundo?

Después de él/ella ¿Quien te cargó por primera vez?

¿Cómo era la relación de tus padres cuando naciste?, ¿Armónica o tenían muchas diferencias?

¿Dónde fue tú primer hogar?

¿Sabes si fuiste un hijo/a deseado/a?

¿Ya tenías hermanos o hermanas?, ¿De qué edades?, ¿Cómo te recibieron?

¿Vivían tus 4 abuelos?, ¿Algún bisabuelo?, ¿Cuáles eran sus nombres? ¿Cómo era su relación con tus padres?

¿Cómo fue la recuperación de tu madre?

¿Tu madre te pudo amamantar?, ¿Cuánto tiempo?

¿Cómo fue tu integración a la familia? , ¿Qué comentaban cuando te conocían?

¿Te cargaban cuando llorabas o te dejaban llorando hasta quedarte dormido?

Y tal vez algunas más superficiales:

¿Qué música se escuchaba?

¿Qué películas se trasmitían en el cine?

¿Quién era el presidente de tú país?

¿Qué acontecimientos importantes sucedieron el mismo día de tu nacimiento?

Y podría seguir con las preguntas … Sería difícil contarte demasiados datos de mi niñez, recuerdo pocas escenas de mi vida, mi memoria es extraña y estoy segura que cómo mecanismo de defensa "olvido" muchas cosas, seguramente las bloqueo para no hacerme tanto daño.

El ADN de mi RE-Evolución

Ahora sí, mis respuestas:

Mi deseo de escribir nace de mi increíble necesidad de dejar evidencia de varias de las historias relevantes que fui encontrando de mi linaje, al principio los personajes principales eran los hombres, poco a poco fui volteando la mirada a las mujeres y continúo encontrando piezas maravillosas que me ayudan a resolver mis propios acertijos existenciales.

Mi bisabuelo Emilio Garmendia Villafagne, nació el 1 de mayo 1879 en Oaxaca de Juárez, abogado destacado (su título profesional firmado por Justo Sierra); Teniente Coronel que colaboró con el Ex Presidente Porfirio Díaz, fue uno de los fundadores de la Barra Mexicana, Colegio de Abogados A.C., Juez de Distrito en La Paz B.C.S por más de 20 años. Fundó numerosas Sociedades Mutualistas entre ciudadanos mexicanos residentes en Texas, Arizona y California. Padre del Mutualismo en México, con más de 15 libros escritos, salió huyendo por el puerto de San Blas vestido de mujer en la época de la Revolución, se dice que también perteneció a una orden masónica, tuvo 5 hijos, su primogénito Emilio, con la Soledad Rodríguez Lizardi y María Dolores (mejor conocida como Lolita), Demetrio, Delfina y Alejandro (mi abuelo) con mi bisabuela Dolores Fuentes García. Trascendió el 30 de noviembre de 1973 a los 94 años.

Por otro lado, su hermano Gustavo nació el 24 de Julio 1881 también en la ciudad de Oaxaca, miembro destacado del Estado Mayor Presidencial del Ex Presidente Francisco I. Madero. Es recordado gracias a su hazaña heroica en el Salón de Acuerdos de Palacio Nacional para oponerse al golpe de Estado que llevó a cabo Victoriano Huerta el 18 de febrero de 1913. Su frase histórica fue: "Al presidente nadie lo toca". El día de la lealtad y del Estado Mayor Presidencial se conmemora en esa fecha. Ganó múltiples torneos de tiro y esgrima, incluso todavía se conserva su nombre para algunos de ellos. Murió desangrado por una herida en la pierna en la Toma de Culiacán Sinaloa el 12 de Noviembre de 1913 a las órdenes de Álvaro Obregón.

https://es.wikipedia.org/wiki/Gustavo_Garmendia

https://www.ssc.cdmx.gob.mx/comunicacion/nota/participa-ssp-cdmx-en-el-6-torneo-de-tiro-organizado-por-el-estado-mayor-presidencial

De entrada la historia de estos dos personajes me pareció de suma importancia, me concentré en contactar a la mayor cantidad de personas que me pudieran aportar información, sin duda entre hermanos estaban con posturas políticas opuestas y me pareció fascinante descubrir más sobre ellos.

Recuerdo que en el 2013 fui a visitar por primera ocasión a mis tíos abuelos: Delfina y Demetrio QEPD, ellos vivían en La Paz BCS. Llevaba menos de media hora y con mucho entusiasmo mostrándole a mi tía los documentos que había encontrado de su padre Emilio, (mi bisabuelo), cuando tocaron a la puerta. Mi tío Fernando fue abrir, resulta que eran unos familiares de Culiacán que venían a visitar a la tía Delfina. Fernando muy extrañado, volteó y me preguntó:

- Selene, ¿vienen contigo?

A lo que yo inmediatamente contesté,

- No, no los conozco.

Resulta que entraron, se sentaron y conversamos un breve momento. Mientras transcurría la escena yo no entendía de dónde venía la relación familiar, yo estaba sorprendida que hubieran llegado casi al mismo tiempo que yo, apunté sus nombres y teléfonos. Principalmente de Irma Garmendia Bazúa, ella me contó que había sido secretaria de mi bisabuelo en El Dorado, Culiacán, que incluso él le había pedido que recuperara la historia de la familia. Mi pregunta espontánea:

- Y luego, ... ¿dónde está?

No recuerdo su contestación literal, sin embargo me dijo que no lo había hecho y al comentarle que yo estaba en la misma encomienda, se ofreció a ayudarme.

Finalmente el encuentro terminó. Yo había escuchado en varias ocasiones que todos los "Garmendia" somos familia en México. Me sonaba lógico si mi tatarabuelo se presumía que había tenido 15 hijos con mi tatarabuela y 8 con otra mujer. A los pocos minutos me fui con mi tío Fernando M. que muy amablemente se ofreció a darme hospedaje en su casa. Acabábamos de salir cuando me dijo:

- ¡Qué fuerte lo que acaba de pasar!

- Sí, que "casualidad" que llegaran justo en ese momento que yo estaba.

- No, yo me refiero a que desconocía que el abuelo Emilio había tenido otro hijo.

Me costó varios años descifrar la historia. Y poco a poco entendí que era muy conveniente el vender el cuento que todos somos familia para que no preguntes de dónde vienen. Muy inteligente por parte de los hombres.

Comencé a hacer olas en mi familia, empezaba a hablar de sucesos del pasado que incomodaban a los demás. Entiendo que para muchos es difícil confrontar la verdad y darse cuenta que muchos de nuestros personajes "héroes o heroínas" tal vez cometieron actos que a nuestros ojos "son aberrantes e inadmisibles".

Llegué a tener varios comentarios fuertes minimizando mis palabras, haciéndome sentir que realmente estaba "loca" y en varias ocasiones escuché: ¿para qué desenterrar a los muertos? Déjalos en paz, muertos están.

Por varios años dejé mi deseo de escribir, suficiente tenía con todo lo que necesitaba lidiar internamente para seguir lidiando con el exterior que desaprobaba mis intenciones de sacar a la luz historias del pasado.

El 26 de marzo de 2017 de nuevo me pasó una "coincidencia" importante.

B.M. y yo, fuimos a Puebla el fin de semana, el objetivo principal era asistir a la presentación del libro de José Emilio Garmendia en la Benemérita Universidad Autónoma de Puebla, yo aún no entendía la conexión familiar, pero tenía el fuerte presentimiento que si estábamos unidos de forma más o menos directa. Reconozco que él siempre ha sido súper amable y atento conmigo, cuando le comenté de mis deseos de asistir a su presentación recuerdo que le dio mucho gusto. Su libro es de Poesía y tiene un estilo muy apasionado de escribir y por supuesto de recitar.

Me sentía muy contenta de poder estar ahí, al final; cuando estaba firmando libros, me esperé para saludarlo; casi al mismo tiempo llegó otro hombre que se identificó como Garmendia: Aldo Rivero Pastor (historiador de origen poblano). De repente al saber que yo también era Garmendia, concentró su atención en mí e incluso nos dijo que fuéramos a comer con él y otro hombre que lo acompañaba.

JoseEmil me regaló dos ejemplares, uno para mí y otro para la familia, su esposa Alicia Rebolledo también me obsequió uno de sus libros, ambos son médicos de profesión y excelentes escritores.

El ADN de mi RE-Evolución

Fuimos a comer con Aldo, en muchas ocasiones me he arrepentido de no grabar conversaciones con personas que saben tanto de la historia familiar. Él lleva varios años compilando un libro de los Garmendia, deseo en breve también pueda tenerlo en mis manos.

Hasta el año pasado, 2020 pude ir a Culiacán, Sinaloa. Lugar donde murió Gustavo y actualmente el Mercado principal lleva el apellido. Tuve la enorme dicha de poder visitar a mi tía Irma Garmendia Bazúa y de viva voz, escuché la historia que más o menos conocía.

Resulta que mi bisabuelo procreó un hijo con Soledad (su abuela), en Tepic, Nayarit. Era la época de la Revolución y mi bisabuelo tuvo que salir huyendo porque estaba amenazado de muerte. Me contó que Soledad esperó a mi bisabuelo toda la vida; jamás volvió a estar en pareja con otro hombre y logré apuntar una frase que ella recuerda de su abuela y me pareció súper dolorosa y a la vez resume su tristeza y sufrimiento:

"Sacrificarse en aras de un amor sin esperanza es una aberración, es el suicidio".

Soledad Rodríguez Lizardi

En esa ocasión también me enteré que el primogénito Emilio tuvo más de 10 hijos con distintas mujeres y al parecer repitió el patrón de abandono. En esa rama del árbol existe una alta incidencia de cáncer, según varias teorías tiene todo que ver con el resentimiento que se perpetúa a lo largo de las generaciones. Con la mejor de las intenciones me he acercado y los he integrado en mi corazón y por supuesto en el árbol genealógico.

Poco a poco fui armando el rompecabezas, por varios años me concentré muchísimo en la rama Garmendia, sobre todo por lo destacado de los personajes, sin embargo; poco a poco fui volteando a las demás ramas: Serrano/Castillo García y Navarro Villareal.

Aterrizo a mi propia historia: Nací en la Ciudad de México un 30 de mayo de 1980, a las 21:00 hrs en el Hospital San José de la Calle Gabriel Mancera, de la Col. Del Valle.

En esa época aún no se practicaban ultrasonidos, por lo que desconocían mi género. Recuerdo a mi madre siempre contándome muy entusiasmada que estando en su vientre me movía muchísimo y constantemente la pateaba.

Hasta hace poco me enteré que una amiga, tocaya suya, le contó la "maravillosa" creencia que los hijos son de la madre y las hijas del padre. Desde la "primera" vez que quedó embarazada, deseo tener un hijo varón, en 1978 nació mi hermana mayor.

Ella estaba muy segura e ilusionada que cumpliría su sueño conmigo y además, aseguraba que sería futbolista. Otro de sus deseos no cumplidos, fue que naciera por parto natural; se había preparado con el método psico-profiláctico.

Después de que mi madre estuvo 48 horas con contracciones y cero dilatación; otra de sus amigas, le sugirió al Dr. Julio Quiroz Balboa QEPD que me sacaran con "fórceps", procedimiento que deseo ya no se practique más.

Eran demasiadas horas y mi madre ya estaba agotada y con mucho dolor. Afortunadamente el doctor no hizo caso de aquella recomendación y procedió a la cesárea. La razón de por qué no había dilatación era muy clara, tenía tres vueltas de cordón umbilical en el cuello.

El ADN de mi RE-Evolución

Existen diversas teorías de los bebés que nacemos así, más adelante lo retomaré.

Desconozco quién fue la primera persona en cargarme después de que nací.

Tampoco tengo demasiada información sobre cómo era la relación de mis padres en el momento de mi nacimiento. Mi padre es bastante reservado y de mis pláticas con él, me ha contado que desde que se casó con mi madre, llegaba de trabajar y normalmente recibía órdenes, sus expectativas eran un "poquito" diferentes, creyó que todo mejoraría con la llegada de un hijo, desafortunadamente no fue así.

Mi padre trabajó en la industria farmacéutica prácticamente toda su vida. En el momento que mi madre estaba en labor de parto, él estaba en una convención en Acapulco cuando le avisaron que estaba por nacer. Cuenta que venía en el avión y por la ventana se alcanzaba a ver la luna llena espectacular y todavía era de día.

"Casualmente" en la revista de la aerolínea habían publicado un artículo sobre Selene: "La Diosa griega de la luna", mi padre pensó que si nacía mujer me llamaría así, junto con el nombre de su madre: Elvira. Anteriormente habían pensado en ponerme los dos nombres de mis abuelas: Elena Elvira, afortunadamente no fue así.

Quiero creer que fui una hija deseada, es muy difícil que los padres puedan aceptar lo contrario.

Mi madre, María de Lourdes Garmendia Navarro, mi padre José Luis Serrano García. Soy la segunda hija de 3 mujeres. Mi hermana mayor Lourdes Claudia cuando nací ya tenía 2 años y no recuerdo cómo me haya recibido al verme por primera vez.

En las fotos y por lo que me cuentan, le dio gusto que llegara. Le encantaba poner su barbilla en mi cabeza y acariciarse suavemente con mi cabello. Mi hermana menor, Angélica Estrella nació dos años después. Sin duda mis padres les gustaron los nombres largos cómo de telenovela.

Mis abuelos maternos: Elena Pilar Navarro Villareal y Alejandro Garmendia Fuentes, mis abuelos paternos: Elvira García Franco y José Antonio Castillo (biológico), Pascual Serrano Amador (padrastro).

Mis bisabuelos, padres de Elena Navarro: José López de Llanos y Juana Villareal Gómez, padres de Alejandro Garmendia: Dolores Fuentes y Emilio Garmendia Villafagne. Padres de Elvira García: Isabel Franco y Simón García, padres de José Antonio Castillo (desconozco) y padres de Pascual Serrano: Cruz Amador y Francisco Serrano.

No tengo mucha información de cómo fue la recuperación de mi madre, imagino que emocionalmente debió ser muy dura. Mi abuelita Elena pudo cargarme mis primeros días, llegó a decir que debían cambiarme el nombre, lloraba prácticamente toda la noche y dormía de día; ella decía, que estaba conectada a la luna. A mis pocos días de haber nacido, la internaron en el Hospital Siglo XXI, llevaba varios años de estar muy enferma, vivía con diabetes y sus riñones estaban muy dañados, se tenía que dializar de forma regular. A escasos 7 días de mi nacimiento, ella trascendió en el Hospital Siglo XXI.

Hace unos minutos tuve que entrar a la cabaña a escribir, empezó a llover y el aire está muy fuerte, me gusta imaginar que son mis abuelos manifestándose en sonidos de la naturaleza y que me están acompañando en el proceso de escribir.

Mi madre aún tenía las puntadas de la cesárea, por lo que el Dr. Quiróz le prohibió ir al funeral de mi abuela, indicación que desobedeció y asistió al entierro con el alto riesgo de que se le abriera la herida o infectara.

Estando frente al ataúd de su madre, presenció una escena que me ha contado en varias ocasiones. Con un profundo dolor en el alma, escuchó a su tío Rubén (hermano de mi abuelita) pedirle perdón por todo lo que la maltrató físicamente cuando eran jóvenes.

La costumbre de mi bisabuela era que las mujeres le "sirvieran" a los hombres y de 6 hijos, eran 4 hombres y únicamente 2 mujeres, mi abuelita Elena y mi tía abuela Josefina. Cómo los recursos económicos eran escasos, a ambas las sacaron de la escuela cuando apenas iban iniciando la primaria. Las pusieron hacer las labores domésticas: lavar la ropa, limpiar la casa, hacer la comida, atender a sus hermanos, etc.

Hace poco que platicaba con mi madre para conocer más de nuestra historia, le pregunté que cuál había sido el momento más doloroso de su vida, al cual contestó sin ningún titubeo: la muerte de mi madre, y después; la de mi padre.

El vínculo que tenemos con nuestra madre es el más fuerte que existe en esta vida, desde el momento de la concepción, su vientre nos da el ambiente perfecto para desarrollarnos, es ahí donde se forma nuestro cuerpo, es el lugar dónde todas nuestras necesidades son cubiertas de manera automática y sin esfuerzo, es ahí donde recibimos directamente todas las emociones, pensamientos, sensaciones que nuestra madre experimenta, es desde ahí dónde nos sentimos amados o rechazados. La neurociencia ha comprobado lo relevante del vínculo.

Sé que mi madre me ama con toda su alma y yo a ella. Hoy, gracias a todo el trabajo interno, he aprendido aceptarla, respetarla y honrarla tal y como es (reconozco que todavía hay momentos que me rebasa).

Sobre si me amamantó, la respuesta es sí, durante 6 meses. Dentro de las muchas reflexiones que he hecho, me di cuenta que en el momento más triste y doloroso de su vida me estuvo alimentando, es decir; mientras vivía el duelo de su madre. Que difícil debe ser cuidar de un ser tan pequeño e indefenso cuando estás con un duelo tan doloroso.

Sobre cómo fue mi integración a la familia, no tengo idea. Un dato que me gusta recordar es que a las horas de nacida que mis abuelos paternos fueron a conocerme. Cuando mi abuelo Pascual me cargó cuentan que yo levanté la cabeza, a ese hecho le dieron muchas interpretaciones que generalmente fueron asociadas a qué destacaría en la vida.

A mi hermana Lourdes siempre le dijeron que era la ¡bebé más hermosa del mundo!. Además de mis padres, también lo escuché de tíos, primos y amigos de la familia. Convengamos que yo nací mucho menos agraciada, mis facciones eran poco delicadas y no tenía los ojos azules. Probablemente dijeron: "que simpática está tu hija" cuando mis papás me presentaran. Esa ya es una interpretación completamente mía.

Mi primer domicilio fue en una calle muy cercana al CenArt, un departamento en el que viví hasta los 5 años. El terremoto de 1985 nos tocó allí, fue muy lindo que mi padre entró al cuarto y nos dijo:

- Tranquilas, ¡todo está bien!, es un movimiento natural de la tierra.

Mi madre por el contrario, tiene pánico a estos fenómenos de la naturaleza y se pone muy mal cuando suceden.

Estos sencillos datos no los conocía al cumplir 31 años, mi vida había transcurrido con poca consciencia de mi origen. Creía que era completamente irrelevante el conocer la historia de mi linaje, la historia de aquellos que estuvieron antes que yo, sin duda; estaba profundamente equivocada.

2 de Junio, San Miguel de Allende, GTO

Es el segundo día que me dispongo a escribir este libro que ha estado dando vueltas en mi mente desde el 2011. Si eres de las personas que se distraen con cualquier cosa, bienvenido al club. En este momento en el jardín de la cabaña donde me encuentro, están cantando unos pajaritos, un señor de edad avanzada, acarrea piedras de un lado a otro y cómo no puede faltar en nuestro México mágico musical, está un carrito de helados con música intensa que armoniza el ambiente.

Puedo ser muy intolerante con los sonidos, me he comprado la idea que mi oído es muy bueno y eso es lo que hace que escuche muchas cosas que para otros pueden ser imperceptibles. En la noche tuve un mosquito insoportable dando vueltas en mi cabeza muchas horas, al ser la cabaña de madera es muy complejo encontrarlo para hacerlo callar (suena horrible matarlo).

Por fin se escucha calma. Hoy decidí darme tiempo fuera. Avisé a las personas que más amo y que están al pendiente de mí, que apagaría el celular hasta nuevo aviso.

En paralelo de escribir, estoy leyendo dos libros: el del Ikigai y Rebelde de Osho que justo fue el que me acompañó a las 2am mientras me daba sueño de nuevo por la molesta interrupción del mosquito.

En el libro del Ikigai hablan de una de la técnica para concretar proyectos es abstraerse unos días y silenciar lo más posible las distracciones externas. Vivimos en un mundo que premia el "hacer" antes que el "ser".

Ahora bien, quiero conectar justo dónde me quedé el día de ayer. Me faltaron varias preguntas por contestar.

El ADN de mi RE-Evolución

¿Te cargaban cuando llorabas o te dejaban llorando hasta quedarte dormido? La verdad no lo sé, quiero pensar que me cargaban cuando lloraba, pero lo que he escuchado muchas veces es que lloraba mucho, mucho, muchoooo y eso debió ser muy cansado, desgastante y frustrante para mi madre y hermana mayor que eran las que estaban conmigo la mayor parte del día.

Sobre las preguntas más superficiales:

¿Qué música se escuchaba? Crecí escuchando José José, María Conchita Alonso, Marco Antonio y Jorge Muñiz, Mocedades, a mi padre le gusta mucho la música clásica y los fines de semana o cuando viajábamos en carretera, siempre la ponía. De sus favoritas eran las 4 estaciones de Vivaldi.

¿Quién era el presidente de tú país? Cuando nací estaba en el poder José López Portillo y a los pocos meses fue elegido Miguel de la Madrid.

¿Qué acontecimientos importantes sucedieron el mismo día de tu nacimiento años previos? De los que más llamaron mi atención:

Algunos acontecimientos históricos:

1. En 1431 en Ruan (Francia), los ingleses queman viva a la joven francesa Juana de Arco bajo acusación de herejía.

2. En 1498 desde Sanlúcar de Barrameda (España) comienza el tercer viaje de Cristobal Colón y sus marineros hacia el continente americano.

3. En 1516 en Aragón, Carlos I es nombrado heredero del trono tras la muerte de su abuelo Fernando el Católico. (Hasta ahora caigo en cuenta que es el hijo de Juana I de Castilla). Más adelante entenderás la relación.

4. En 1942 mil bombarderos británicos atacan durante 90 minutos la ciudad de Colonia, en el marco de la Segunda Guerra Mundial.

5. En 1956 en el atolón Enewetak, EUA detona la bomba atómica Erie (nombre de una etnia de nativos americanos). La No. 75 de las 1131 detonadas entre 1945 y 1992.

6. En 1958 en el atolón Enewetak, EUA detona su bomba atómica No. 132.

7. En 1958 EUA entierra a varios soldados no identificados muertos en acción durante la Segunda Guerra Mundial y la Guerra de Corea, en la Tumba de los Desconocidos del Cementerio Nacional de Arlington.

8. En 1967 el territorio sudeste de Nigeria se declara independiente cómo República de Biafra. En los próximos 3 años murieron más de un millón de personas debido al hambre provocada por la guerra contra Nigeria.

9. En 1971 EUA lanza la nave Mariner 9 con destino a Marte.

10. En 1972 en EUA el presidente Nixon y las autoridades soviéticas firman los acuerdos SALT, sobre la limitación de las armas nucleares.

Nacimientos:

a) 1423: Georg von Peuerbach, astrónomo austriaco.

b) 1859: Pierre Janet, psicólogo y psiquiatra francés.

c) 1868: Camille du Gast, pionera francesa.

d) 1888: Maximino Martínez, botánico mexicano.

El ADN de mi RE-Evolución

e) 1901: Cornelia Otis Skinner, escritora y actriz estadounidense.

f) 1907: Elly Beinhorn, aviadora alemana.

g) 1908: Hannes Alfvén, físico sueco, premio nobel de física en 1970.

h) 1912: Julius Axelrod, neuroquímico estadounidense, Premio Nobel de Medicina en 1970.

i) 1918: Guadalupe "Pita" Amor, poetisa mexicana.

j) 1928: Agnes Varda, cineasta francesa.

k) 1932: Rosa de Castilla, cantante y actriz mexicana.

l) 1934: Alexei Leónov, cosmonauta soviético.

m) 1958: Marie Fredriksson, cantante y compositora sueca.

n) 1958: Miguel López Alegría, astronauta estadounidense de origen español.

o) 1963: Helen Sharman, astronauta británica.

p) 1970: Verónica Lozano, conductora de televisión argentina.

q) 1980: el mismo año que nací, Steven Gerrard, futbolista británico.

Fallecimientos:

a) 1252: Fernando III el santo, rey castellano.

b) 1431: Juana de Arco, líder revolucionaria francesa.

c) 1778: Voltaire, escritor, filósofo, historiador y abogado francés.

d) 1934: Julia Lópes de Almeida, escritora y feminista brasileña.

Celebraciones:

1. Día de San Fernando (Fernando III de Castilla: militar y rey español que reconquistó la península ibérica) patrón de la ciudad.

2. En Nicaragua es el Día de la Madre

3. En República Dominicana es Día de la Libertad

4. En las Islas Canarias, es el Día de Canarias.

https://es.wikipedia.org/wiki/30_de_mayo

Me gusta creer que de alguna forma extraña, todo se conecta.

Ayer decía que considero haber vivido la mayor parte de mi vida completamente desconectada. "Estaba siendo una gran actriz de la película que los demás querían ver".

Me encanta explicarlo con la analogía del cine.

Cuando vemos una película en la pantalla grande, sabemos que existe el protagonista, el coprotagonista, los actores secundarios y los que de plano aparecen sólo una ocasión e incluso pasan desapercibidos como extras. Adicional está el director, productor, guionista, fotógrafo, etc.

El punto importante es que no basta con ser un buen protagonista de tu película, necesitas asegurarte que también eres quien la dirige y la produce. Yo había sido una muy buena productora y protagonista de una película que no dirigía y que mucho menos había escrito el guión.

Regreso a cuando tenía aproximadamente 5 años. Lo distraída lo tengo desde muy pequeña, mi madre me repitió en muchas ocasiones:

El ADN de mi RE-Evolución

- ¡Ay, Selenita, no pierdes la cabeza por que la traes puesta!

Olvidaba y perdía cosas constantemente. Parecía que me pagaban por caerme, rasparme y hacerme moretones, mi energía dispersa e inquieta me llevó a hacerme daño físico múltiples veces.

Entré a la primaria a esa edad, siempre fui de las más pequeñas de la generación. Afortunadamente les recomendaron a mis padres inscribirme a gimnasia olímpica, sin duda fue la mejor decisión, ahí lograba canalizar mi energía y disfrutaba mucho de estar en constante movimiento.

Era muy "normal" ir por la calle dando vueltas de carro, no importaba que acabara de comer y supuestamente se me revolviera el estómago. Al llegar a mi casa o la de mis abuelitos paternos me fascinaba pararme de cabeza en el sillón, ahora siento que lo hacía por qué me gusta ver el mundo desde otro ángulo, muchas cosas me han parecido absurdas y tener la perspectiva de cabeza se me hacía divertido.

Tendría aproximadamente 8 años cuando expresé que quería ser astronauta, desconozco que haya tenido que ver con el significado de mi nombre y que me repitieron en muchas ocasiones que estaba conectada con la luna. Literal, que vivía en la "luna", en México significa estar fuera de la realidad.

Una de las cosas que pude aclarar hacer poco con mi padre y que por mucho tiempo me generó dolor interno, fue que cuando yo me caía, él en vez de ir y ayudarme a levantar, desde lejos me decía:

- ¡Ven mijita para que te levante!

Sin duda ha sido de las frases que más he guardado con dolor y considero me motivaron hacerme "fuerte" y no dejar que me ayudaran aún verdaderamente necesitándolo.

Recuerdo perfecto que cuando eso pasaba, yo me limitaba a verlo con enojo, me levantaba, me sacudía y me daba la media vuelta muy digna.

Hace meses que pudimos conversar sobre varios temas y me contó algunas cosas de su niñez.

Me platicó que empezó a decirme esa frase por qué él sentía que yo me caía adrede para llamar su atención, que incluso cuando estaba fuera de la Ciudad por trabajo, era muy común que mi madre le dijera que yo estaba enferma y él tenía que interrumpir su viaje y regresar, en pocas palabras; que yo era muy "demandante".

Es impresionante cómo existen cosas que juro que ya estaban resueltas y ahora que lo escribo vuelve a conectarse con esa memoria dolorosa.

Puedo reconocer que soy una mujer demandante, sin embargo; de pequeña creo que inconscientemente era la manera de llamar la atención de mi padre. Él trabajaba mucho y casi no pasaba tiempo con nosotras. Le agradezco que jamás me faltara nada material; sin embargo, siempre sentí su ausencia física y emocional.

La escuela me gustaba mucho, lo que no me gustaba, era hacer tareas. Mi padre en dos ocasiones llegando de trabajar ya tarde se quedó revisando la tarea conmigo y al parecer la había hecho fatal. Se enojó muchísimo, me habló muy fuerte y se quedó conmigo hasta altas horas de la noche hasta que la tarea quedó "perfecta". A partir de ese momento, entendí que para él lo más importante era la escuela y las calificaciones, así que en eso me enfoqué y desde entonces me dediqué en ser alumna destacada.

Al día de hoy quiero creer que estamos más cerca, él me conoce un poco más y yo también a él. Su historia de vida es fuerte y únicamente para dar un poco de contexto narraré una pequeña parte.

El ADN de mi RE-Evolución

Mi abuelita Elvira era una pequeña de 14 años que vino a la Ciudad a trabajar en la casa de una familia adinerada de las Lomas de Chapultepec, (probablemente cómo cocinera o ayudando en el aseo de la casa). Quedó embarazada del hijo del dueño y por supuesto; él no quiso reconocer a su hijo.

Mi abuelita tenía escasos 15 años cuando mi padre nació. Era prácticamente una niña tratando de cuidar a otro ser. Mi padre me contó que mi bisabuela Isabel, era una mujer súper fuerte y trabajadora, se hizo cargo los primeros 8 años junto con algunos hermanos de mi abuelita. Fue el primer nieto, era un bebé hermoso y lo consintieron mucho.

Al parecer mi bisabuelo Simón García fue un hombre de origen español que tenía tierras y montaba a caballo, sólo se dedicó a procrear 8 hijos y aparentemente no se hizo cargo de su paternidad. Por supuesto de esta historia me enteré tiempo después de que mi abue Elvira trascendió en el 2002, siempre creí mi abuelo Pascual era el padre de mi padre, aunque sentía una distancia importante entre ellos, nunca nos dijeron que no era así. Para mi abuelita era importante que nosotras tuviéramos una buena imagen suya. Hoy puedo decir que definitivamente todo el amor, cariño, paciencia, ternura y cuidados que nos entregó a mis hermanas, mi madre y yo; no se ve ni tantito empañado por haber conocido su verdad.

Me cuesta trabajo imaginar todo lo que haya sentido durante tantos años y lo difícil que fue tener un hijo tan joven.

Mi padre recuerda su niñez en medio del campo, ayudando a cuidar borregos, en medio de magueyes y nopales, en un lugar llamado Otumba, en el Estado de México. Hoy con mucho amor y respeto reconozco esta parte de mi historia, por varios años quise sentirme de otra clase social y económica, me costaba mucho convivir con mi familia paterna, me enojaba cada que asistíamos a una fiesta, me sentía fuera de lugar, no encajaba. Normalmente mis padres consumían mucho alcohol y terminaban discutiendo fuertemente.

De las cosas bellas que recuerdo es la comida, siempre abundante y deliciosa, también fue donde aprendí a bailar de todo un poco, cumbia, salsa, rock and roll, norteña, etc.

¡Qué fácil es irme por las ramas!. Regreso a mi sueño de ser astronauta.

Básicamente todos los comentarios que recibí en ese momento es que estaba loca, que era imposible, que en México no existía, que tendría que irme a Estados Unidos, que era impagable, etc. etc. etc. En resumen, "no se puede".

"No se puede" es de las frases que más he podido alucinar en mi vida.

México es un país maravilloso, espectacular, lleno de tradiciones increíbles, lugares mágicos e inolvidables, personas cálidas, amables, serviciales, la comida más deliciosa que he probado en el mundo, en fin; como mexicana me siento muy bendecida por haber nacido aquí. El tema es que seguimos arrastrando muchas creencias y patrones que nos impiden salir de la comodidad, del papel de víctima, de estar muchas veces creyendo que las soluciones vendrán de fuera y mucha de nuestra gente está casada con la idea que existen muchas cosas que no se pueden hacer.

Me considero de esas personas que reta el status quo. En muchas ocasiones que me dijeron que algo no se podía, lo hacía por el simple gusto de demostrar que sí era posible.

Por otro lado, llevo 10 años en proceso de autoconocimiento, aceptación y desarrollo personal. Muchos años de mi vida estuve conectada a la competencia, me gustaba ser la mejor siempre y participaba en varias experiencias para reforzar que "era la mejor". La mayor parte de mi vida renegué de haber nacido mujer; me frustraba mucho que no podía hacer cosas de "hombres" pensaba que ser hombre era mucho más fácil, los hombres no se tienen que maquillar, ni poner accesorios, ni tacones, pueden ir por la calle a cualquier hora y no se exponen a que les hagan algo o les digan piropos incómodos, pueden trabajar en dónde quieran, viajar solos, tener muchas mujeres y no ser vistos mal, y ya en el caso burdo y extremo, llegué a pensar que ellos son los que "invaden" el cuerpo de la mujer, ¿Por qué nosotras teníamos que abrir las piernas?, ¿porqué no podía ser al revés?.

En muchas ocasiones me escucho diciendo que prefería trabajar con hombres que con mujeres, por que las mujeres "son muy complicadas". Podría seguir con mis argumentos sobre mi negación a ser mujer, hoy entiendo que en parte fue de ese deseo tan profundo de mi madre de tener un hijo varón, de la expectativa no explícita de mi padre de formar hijas "fuertes" que no sufrieran lo que su madre vivió, que pudieran ser independientes y autosuficientes, y por supuesto, de todo el contexto machista en el que seguimos viviendo.

Desde hace tiempo dejé de estar ahí, hoy amo y ame acepto cómo mujer, sigo aprendiendo cómo vivir y disfrutar más desde mi ciclicidad femenina, me doy permiso de llorar cuando me nace, me reconozco cambiante y hormonal y por supuesto, también me di cuenta de lo absurdo y desgastante que es buscar desjuiciadamente la perfección, me comparo mucho menos con los demás, dejé de desear la vida de otras personas y cada vez me concentro más en la vida que tengo en mis manos.

Amo mi vida perfectamente imperfecta.

Otras de las cosas que me encantaba de pequeña, era dar lecciones. ¿De dónde sacaba mis hipótesis? desconozco, siempre tenía alguna teoría, consejo o reflexión. Hasta hace poco mi hermana mayor me contó que justo cuando íbamos a dormir (hubo una época en la que las tres compartíamos recámara) era cuando yo empezaba a filosofar.

Ella me puso el apodo de "la sabia que no sabe nada" y cada que yo decía algo que consideraba relevante, tanto mi hermana mayor cómo la menor, me lo decían para hacerme enojar.

Es un hecho que siempre me ha gustado cuestionar todo, jamás daba por hecho las cosas sólo por que los adultos dijeran que así tenía que ser. Mi madre lidió mucho conmigo por qué normalmente la retaba, si me decía que no y carecía de argumentos, yo no aceptaba la respuesta. Un "no por qué no", me parecía completamente absurdo.

Pasaron los años y me "olvidé" del sueño de ser astronauta. Todos los adultos cercanos a mi me habían dicho que era "imposible".

Justo antes de entrar a la secundaria me dio hepatitis, en teoría "me contagié en una alberca", hoy tengo mucho más certeza que tuvo que ver con que desde pequeña hacía muchos corajes.

Ingresar a una secundaria técnica después de haber estado en una primaria con un modelo educativo abierto, fue un cambio muy drástico y la pasé fatal. Se juntó con la recién salida de hepatitis, estar 40 días en cama sin poder hacer nada de ejercicio físico, fue una tortura para mi naturaleza tan inquieta. Lo único divertido era que podía comer todos los dulces que quisiera (aunque al final ya ni eso era atractivo) y me volví máster en Tetris® y Mario Bros®.

Los cambios hormonales y físicos cómo seguramente pasaron en mi adolescencia, fueron desagradables, recuerdo haber escrito mucho en esa época, el "problema" o "bendición" es que ya no tengo mis diarios para consultarlos.

El ADN de mi RE-Evolución

Considero que mi etapa de adolescencia fue bastante gris, no recuerdo haberme revelado, más bien me había resignado a que la vida era estudiar, sacar buenas calificaciones y destacar del promedio de las personas.

Los fines de semana era casi de ley que fuéramos de visita a casa de mis abuelos paternos: Elvira y Pascual. Una pareja que al menos lo que yo pude ver, se amaban y apoyaban mutuamente. Estar en su casa era de las mejores cosas de la semana. Aunque vivían bastante lejos de nosotros y en una colonia muy sencilla en la que comúnmente se veían hombres deambulando por las calles con alto grado de alcohol en su cuerpo, en su casa se respiraba paz y amor, mi abuelita siempre cocinaba cosas deliciosas y no terminábamos de desayunar cuando ya estaba pensando en qué comeríamos.

De los platillos que más recuerdo de ella era un spaguetti rojo con crema y trocitos de salchicha, mole rojo o mole verde, arroz rojo, carne de cerdo con verdolagas en salsa verde, mixiotes deliciosos y no podía faltar en su casa pan de dulce y café.

Hablar de ella me pone muy nostálgica, no conozco otra mujer tan amorosa y consentidora. Desde siempre me gustó que me hicieran cosquillas, cariños, que me rascaran la espalda, etc. Ella podía pasarse horas y horas, parecía que no se cansaba, literalmente tenía que decirle:

- ¡Ya abue, gracias!.

Ella, podía seguir y seguir.

En las vacaciones largas mis hermanas y yo nos peleábamos por quedarnos unos días con ellos, ahí no teníamos a mi madre diciendo que hiciéramos algo productivo, que dejáramos de ver la tele o que ya nos despertáramos porque era muy tarde.

Mis abuelitos hacían todo lo posible por que nos sintiéramos amadas y muy consentidas. Justo en este preciso momento que escribo de ellos, vino a visitarme un hermoso colibrí que se acercó mucho más de lo normal; yo lo interpreto cómo su forma de hacerse presentes y de saber que están contentos que por fin, me haya sentado a escribir.

Era 11 de abril del 1993. Justo el fin de semana que yo me había quedado con mis abuelitos paternos; Alejandro mi abuelito materno cumplía 72 años. De última hora mi padre convenció a mi madre que le hicieran una comida en Corona Boreal, (la casa a la que nos mudamos después del terremoto del 85 y tiene muchísimas historias que contar). Yo por supuesto, estaba al otro lado de la ciudad y únicamente pude hablar por teléfono para felicitarlo, fue muy extraño, en la llamada sentí que no sólo era una simple felicitación, recuerdo que casi no pude hablar y se me hizo un nudo en la garganta.

Pasó el resto del día sin más noticias. A la mañana siguiente, yo seguía acostada, pero ya estaba medio despierta cuando escuché que sonar el teléfono, contestó mi abuelita y simplemente dijo:

-    No lo puedo creer, ayer se escuchaba tan bien.

Inmediatamente no sé si mi intuición o la naturaleza de nuestra mente humana, pensé lo peor. Mi abue Elvira me dijo que mi abuelo Alejandro se había puesto mal y que iríamos a casa de mis papás, yo sinceramente no lo creí, los veía muy raros y vestidos de color obscuro, en fin … no pregunté más.

Llegando a casa de mis padres, mi hermana Lourdes fue quien me confirmó lo que ya sabía.

Mi abuelo Alejandro, había muerto.

El ADN de mi RE-Evolución

Por unos segundos me quedé bloqueada, no sé qué escribir, no sé por dónde empezar para contar la importancia de un personaje en mi vida que únicamente estuvo mis primeros 13 años, pero que a la fecha lo sigo recordando y teniendo muy presente.

A parte de mi abuelo, lo reconozco cómo uno de mis más grandes maestros de vida.

De nuevo estoy llorando, recordarlo y revivir el momento de su partida, me conmueve profundamente.

Él y mi madre son muy afines, ambos espontáneos, sociables, divertidos, atrevidos, alegres, dicharacheros, sencillos, muy humanos.

Cómo ya he contado, mi abuela materna: Elena, trascendió a los 7 días de que yo nací. Mi abuelo, al parecer; no le gustaba estar solo y conoció a una mujer viuda, educada, elegante, distinguida, con buena posición económica y social, madre de 3 hijos y varios nietos, logró conquistarla y casarse con ella poco después de un año de que mi abuela trascendió.

"Casualmente" con el mismo nombre de mi abuela, la única diferencia en el nombre era la "H". Helena del Socorro M. y P. Me siento muy afortunada y bendecida de seguir contando con su presencia en mi vida, el 14 de noviembre cumple 95 años y continúa teniendo movilidad física, estabilidad económica y sobre todo, lucidez mental.

Regreso a mi abuelo, atesoro muy bellos recuerdos a su lado. Empezando por que muchas ocasiones él quién nos recogía en la primaria, le encantaba conversar y hacer bromas a las personas. Era un hombre que no pasaba desapercibido, más allá de sus atributos físicos, alto, muy delgado, siempre caminando derechito y con unos ojos azules súper profundos, era un personaje fuera de serie. Por varios años de lunes a viernes comía con mis hermanas, mi madre y yo. Comía prácticamente de todo, pero los nopales nunca le gustaron, decía que se le olvidaba el español o el inglés, ya no recuerdo.

Terminando de comer, casi siempre nos poníamos a jugar ajedrez, ¿cuántas veces jugamos?, montones. Por diversión haré un cálculo sencillo. Suponiendo que jugábamos de lunes a viernes por lo menos dos partidas diarias y probablemente de mis 8 a mis 13 años, eso quiere decir que al menos habrían sido 2,600 partidas. ¿Son muchas, son pocas? No lo sé, lo que sí sé, es que en ninguna le pude ganar.

Puede sonar infantil, pero fue un trauma que tuve muchos años de mi vida. ¿Cómo nunca le pude ganar a mi abuelo?, ¿cómo nunca me dejó ganar?, ¿realmente era buena en muchas otras cosas?

Hace justo 10 años le encontré sentido. Lo contaré más adelante.

Finalmente estábamos un 12 de abril velando el cuerpo de mi abuelo en Gayosso de Félix Cuevas, dónde remotamente recuerdo que llegó mucha gente y lloré muchísimo su partida. El 13 de abril, cumpleaños de mi madre, lo estábamos enterrando en el panteón Jardín. Llevamos un aparato reproductor de CD y le pusimos su disco favorito de guitarras mágicas. Indudablemente ha sido el cumpleaños más triste de mi madre.

Por otro lado, puedo decir que fui súper afortunada en conocer a 3 de mis 4 abuelos y por supuesto hoy Helen M. es para mí cómo mi abuela.

Regreso al punto central, en la secundaria ya había olvidado mi sueño de ser astronauta, sinceramente creo que me importaba poco lo que haría de mi vida en un futuro, me parecía un mundo gris y hostil, poco amable y en esa época tuve muchas diferencias con mis hermanas.

El ADN de mi RE-Evolución

Mi madre que cómo ya mencioné, es una mujer alegre, extrovertida, atrevida, entre otras; cómo todos, tiene su lado oscuro. Una época importante de su vida padeció de cambios de humor muy marcados, incluso fue diagnosticada con trastorno bipolar de ciclicidad rápida. Muchos años decía tener un día bueno y un día malo. ¿Qué significa eso? Que un día amanecía de increíble humor, tenía ganas de comerse el mundo, hablaba con todos y de todo, muchísima energía y al otro, no tenía ganas de levantarse de la cama, estaba apática, desganada y de mal humor.

Me contó que en las tres ocasiones que fue madre le dio depresión postparto. Hoy no tengo claro cuando haya sido su primer episodio de "manía".

Cuando tenía entre 11-14 años aproximadamente, mi madre en repetidas ocasiones mencionó que ya no quería vivir, que se quería morir, y eso lo decía de manera repetida.

Reconozco haberme frustrado y enojado mucho con ella, no concebía la idea que teniendo 3 hijas de 13, 11 y 9 años aproximadamente, una casa hermosa donde vivir, un esposo que le proveía de todo lo que necesitaba y más, quisiera desaparecer de este planeta.

Simplemente no me cabía en la cabeza, me parecía súper egoísta y cobarde de su parte el decir que no tenía ganas de vivir y tal vez no con esas palabras, pero que la vida no tenía sentido.

Mis hermanas y yo tomamos posturas súper distintas, la mayor me parece que evitaba el tema, hacía cómo que no existía el problema. La menor se quiso convertir en su terapeuta, era la que más la escuchaba, aconsejaba e intentaba darle ánimos, diciéndole lo bonito que es la vida.

Mi postura fue de rechazo, de enojo, incluso llegué a decirle que estaba harta y mencioné algo parecido a:

- ¡Ya me cansé que digas que te quieres morir y que te quieres morir y no haces nada!. Si realmente lo quieres, yo te ayudo a conseguir una pistola.

¿De dónde saqué esa idea? No lo sé, simplemente era mi manera tal vez absurda de hacerla reaccionar, el dolor cómo hija de saber que tu madre no quiere vivir fue de esas cosas que bloquee por mucho tiempo.

Años más tarde, la vida se encargó de hacerme saber lo que es estar en depresión profunda y no encontrarle sentido a la vida.

A los 14 años entré al Instituto Don Bosco, una preparatoria salesiana. Definitivamente me gustó mucho más que el ambiente de la secundaria, en general todos eran más amables y se sentía un ambiente de cooperación y comunidad. En ese momento seguía siendo bastante reservada y poco expresiva.

Es importante mencionar que mis padres son polos opuestos, ya he hablado más de cómo es mi madre y además de sus cambios abruptos de humor, también suele conectar muy rápido y fácil con la ira, se vuelve agresiva e incluso llega a dar miedo. Es una persona muy visceral.

Mi padre es racional, poco expresivo, educado, correcto, diplomático, estudió una licenciatura y posteriormente una maestría, se dedicó a formar una carrera profesional exitosa y consiguió posicionarse en altos niveles de la industria farmacéutica.

El ADN de mi RE-Evolución

De manera poco consciente al ver esas diferencias entre mis principales modelos a seguir, por supuesto que elegí ser cómo mi padre. Analítica, fría, calculadora, racional, controladora (creo que eso si es de mi madre), etc. Mostrar emociones era muy arriesgado y además hacía daño a las personas.

Recuerdo que no permitía que mis amigos me mostraran afecto físico, ponía una barrera, no me gustaba que se acercaran demasiado y por supuesto me mantenía distante emocionalmente. Esa era mi "zona segura".

La primera vez que me lastimaron él "ego", fue un chico de 3ro de secundaria que me llegó el mismo día que nos conocimos, en la fiesta mexicana; prácticamente acababa de entrar a la prepa. Le dije que lo pensaría, aunque me encantó y juré que había sido amor a primera vista, días después decidí decirle que no, que primero nos conociéramos como amigos, me dijo que sí y obviamente su orgullo pudo más y no volvió a dirigirme la mirada.

¿Cuál fue la razón de decirle que no? Por supuesto el qué dirán y mi padre, él entre broma y en serio, había dicho que sólo podíamos tener novio hasta terminar la Universidad. Además ¿Cómo una preparatoriana andaría con un puberto de secundaria? Estúpido, pero así fue.

Esta anécdota desconozco si aporte mucho a la historia en general, tal vez es sólo una pequeña muestra de que estaba instalada en hacer las cosas "bien" y no salirme del guión preestablecido.

Algunos meses después comenzó a pretenderme un compañero de generación de mi hermana mayor, se llamaba igual que mi abuelo y había nacido el mismo día que él. Cuando fueron los Inter Salesianos y participé con el grupo de porras, me llevó unas rosas rojas y no recuerdo si fue la primera de 5 veces que me pidió ser su novia.

Nunca acepté, era asfixiante que en el descanso apenas tocaban el timbre y ya estaba afuera de mi salón, de igual forma a la salida.

Nunca me ha gustado sentirme controlada y menos, por un hombre.

Llegué a 5to de prepa, nos tocaba organizar una feria vocacional para montar un stand sobre la carrera que deseábamos elegir. Junto con una gran amiga QEPD Paola Solís, pusimos el stand de Pedagogía, me ilusionaba mucho el estar al frente de grupos y ahora si ser la "Maestra". Recuerdo muy bien que llegaron mis padres a visitar mi stand, mi madre no recuerdo que haya dicho nada en particular, para ella la escuela nunca fue lo más importante y siempre nos dijo que hiciéramos aquello que nos hiciera feliz.

Mi padre, en el lado opuesto, nuestra única responsabilidad en la vida era estudiar y sacar buenas calificaciones. Aunque no recuerdo palabras explícitas al contarle de que se trataba la carrera de Pedagogía, tengo clara su cara de desaprobación, no me dijo nada y a la vez me dijo todo.

Seguramente me hicieron prueba vocacional y cómo es tan exacta, habría revelado que era buena para muchas cosas y a la vez nada en específico. "¡Cómo ayudan esas pruebas en el momento en que más las necesitas!" ... Elegí el área económico administrativo, aunque no me convencía del todo.

Mi primer novio fue mi mejor amigo, por supuesto fue un fiasco en menos de 1 mes terminamos y decidimos que lo más sensato era continuar con la amistad, tampoco pasó.

Conocí al amigo del hermano de una de mis mejores amigas, me empezó a cortejar y terminé andando con él. Fue súper lindo y cariñoso conmigo, él estaba muy enamorado pero yo no pude corresponder de igual manera. Fue el primero que intentó tener intimidad conmigo y por supuesto yo no me sentía preparada, finalmente terminamos y él poco tiempo después conoció a una chica, se embarazaron y ya no supe si se casaron o no.

Regresando al tema de elegir carrera, ya estando en 6to de prepa consideré estudiar diseño de modas, en esa ocasión recibí feedback explícito de mi padre:

- Está muy difícil, necesitas mucho dinero para crear tu marca.

Ya era hora de tomar la decisión "más importante de mi vida" o al menos es lo que te hacen creer cuando estás en esa etapa.

Hago un pequeño paréntesis para comentar que está científicamente comprobado que la parte del cerebro humano que se encarga de las funciones ejecutivas, es decir; la toma de decisiones, el análisis, la resolución de problemas y conflictos, se termina de desarrollar hasta los 25 años. Es muy difícil que a los 18 tomemos una decisión que teóricamente definirá el rumbo de nuestra vida.

Después de revisar planes de estudio y no estar segura de nada en particular, "decidí" seguir los pasos de mi padre. Cuando le comenté que había elegido estudiar Administración de Empresas, su respuesta fue:

- ¡Muy bien mijita!, muy buena decisión.

Por supuesto, me compré la idea que había sido yo la que había elegido. Que ingenua.

Entré al ITESM CCM, una de las universidades de mayor renombre y mejor rankeadas de México. Fue muy frustrante que por una centésima no me asignaran la beca de excelencia que habría sido un 90%. En la prepa fui el segundo promedio de toda la generación.

Afortunadamente en ese momento mi padre tenía la solvencia económica para cubrir mi educación superior. Quise tramitar un porcentaje de beca pero al comentarle que necesitaba sus recibos de honorarios, puso el grito en el cielo y dijo que estaban locos si creían que se los daría.

Sería muy soberbio de mi parte decir que la universidad se me hizo fácil, por supuesto tuve retos importantes y materias que no me gustaban y me parecían poco prácticas. Debo confesar que en esta etapa de mi vida ya no cuestionaba tanto, había aprendido a ser la alumna bien portada y aplicada que mi padre deseaba.

Para mi fortuna, la universidad contaba con múltiples talleres de arte y un gimnasio increíble, decían que el más grande de Latinoamérica. Logré inscribirme en muchos talleres maravillosos: crítica y creación literaria, ballet, hip hop, modelaje, arte objeto, en dónde conocí a mi abuelo adoptivo, René Ferreiro un cubano, gallego mexicano extraordinario.

En retrospectiva, hoy se que todo eso fue lo que me mantuvo a flote.

Pasaron 5 años de mi vida estudiando la carrera de Administración de Empresas. En el ITESM te venden la idea que saliendo encontrarás un gran puesto de trabajo, en una gran empresa, en el que te pagarán mucho dinero.

Cómo el sentido de independencia lo traía desde pequeña empecé a trabajar desde antes de los 18. En las ocasiones que discutía fuertemente con mi madre me decía:

- Es mi casa, son mis reglas, si no te gusta, ¡la puerta está muy abierta!

El ADN de mi RE-Evolución

Me parece que muchos han escuchado las mismas palabras.

En mi cabeza yo no veía el día en que eso fuera realidad, en que dejara de escuchar las órdenes, reclamos, enojos, histerias y crisis de mi madre. Me enojaba mucho que con los desconocidos o no tan cercanos, era un cascabel, súper alegre y divertida, sólo llegaba a la casa y se convertía en ogro.

Muchas veces le dije:

- Eres candil de la calle, obscuridad de tu casa.

Dicho popular mexicano.

Trabajé en cosas muy sencillas, desde ser edecán (no lo recomiendo), ejecutiva de cuenta, becaria, asistente de dirección, etc. Era muy importante generar mis ingresos y dejar de depender de mis padres lo más pronto posible.

Me empezaba a pretender un amigo que su vocación era la música, ¿Qué hacía en el ITESM estudiando LAE? su padre le exigió que estudiara la carrera y posteriormente hiciera lo que él quisiera. Tuvimos una relación de aproximadamente un año. Muy bella, sin embargo; yo no sentí que estábamos en diferentes frecuencias y decidí terminar.

Hoy afortunadamente vive de la música y enseña a niños con discapacidad visual. Admiro profundamente su capacidad de luchar por sus sueños.

Reconozco que parte de mi personalidad me hace creer que siempre encontraré algo mejor, que lo bueno siempre está en lo desconocido en lo que aún no he descubierto. Eso ha sido muy desgastante.

Al poco tiempo me reencontré con mi enamorado de la prepa, sí, aquel que me llegó 5 veces y en su momento decidí rechazar por intenso. En esta ocasión sentí que ya había madurado y que podríamos intentarlo.

Fue una relación intensa, era muy celoso y posesivo. Para esa fecha yo tenía aproximadamente 19 años y seguía sin haber iniciado mi vida sexual. Insistió lo suficiente hasta que yo cedí a sus deseos. Desafortunadamente no es algo que recuerde con mucha emoción o que verdaderamente haya disfrutado. Si bien, ya llevábamos tal vez un año de relación y la conexión emocional era fuerte, yo seguía sintiendo que no estaba preparada.

Desde que era pequeña mi madre nos decía que no nos dejáramos ver ni tocar nuestras partes íntimas, tiempo después entendí su insistencia. De pequeña estuvo a punto de sufrir abuso por parte de hombres muy cercanos y con vínculo familiar.

Crecí con mucho miedo a la intimidad, le hice caso a mi madre y no dejaba que me tocaran en absoluto. Al más mínimo intento yo comenzaba con una lucha que normalmente terminaba por cansarlos y lograr que me dejaran en paz. El contacto físico me hacía sentir invadida y creía que estaba haciendo algo malo y sucio.

Estaba terminando el penúltimo semestre cuando mi padre, que ya había terminado su relación laboral con la empresa a la que le dedicó prácticamente toda su vida y lo liquidaron muy por debajo de lo que realmente le correspondía, decidió comunicarme que ya no podía continuar pagando mi colegiatura.

Yo no podía creerlo, me quedaba un semestre para graduarme. Las solicitudes para beca ya habían pasado y faltaba poco para que iniciara mi último semestre. Decidí hablar a la universidad y pedir cita con el rector, estaba dispuesta hacer lo que fuera necesario para concluir mi proceso de casi 5 años. La cita me fue concedida y en pocos días tenía que presentarme en su oficina, todavía no podía creer que me hubieran asignado tan rápido.

El ADN de mi RE-Evolución

Finalmente llegó el día, me presenté junto con otras 12 o 15 personas en una sala de juntas. Resulta que la audiencia no era exclusiva. Uno a uno fueron exponiendo sus casos, peticiones o deseos y ahí mismo se iban resolviendo o no. Cuando llegó mi turno de hablar, sentí que no podría hacerlo, todo el cuerpo me temblaba y por supuesto la voz no era la excepción. El Rector me preguntó

- ¿Cuál es tu situación?

Básicamente expuse que mi padre ya no tenía trabajo, que ya no podría solventar mis estudios y yo estaba a solo un semestre de graduarme. La siguiente pregunta fue

- ¿Y qué necesitas?

Sin titubear le dije que al menos un 70% de beca. Él tenía en sus manos mi expediente, vio mis calificaciones y todas las actividades extracurriculares en las que había estado involucrada y simplemente dijo:

- Selene, ¡has sido una gran alumna, y veo que además has estado en muchas actividades culturales!, así que ¡¡¡Concedido!!!

Me costó trabajo creerlo, salí como pavorreal, me sentía súper dichosa y afortunada que había podido resolver terminar mi carrera sin postergarla. El reto fue abrumador. Hacer servicio social, servicio becario, trabajar para pagar el porcentaje de no beca, sobrecarga de materias y además, mi relación de noviazgo.

Durante la carrera considero que me esforcé en sacar el mejor promedio posible, es un hecho que no siempre podía, a veces también me ganó el deseo de ir al antro, bailar y divertirme, por supuesto hasta altas horas de la noche. Sin embargo, mi madre siempre ha dicho que soy cómo el Alka-Seltzer®, no sabe cómo lo hago, pero lo hago.

A muy pocos días de la ceremonia de graduación todavía no estaba 100% segura que obtendría mención honorífica, no quería crear falsas esperanzas en mis padres, así que cuando me enteré, decidí que fuera una sorpresa para ellos.

La sorpresa casi me la llevo yo.

Invité a mi padre con muy poco tiempo de anticipación, resulta que tenía una reunión en Monterrey, yo no podía concebir que algo fuera más importante que mi ceremonia y me sentí muy triste de pensar que el día que me entregaban mi Título y Mención Honorífica, él no estaría presente.

Hoy se que gran parte de ese esfuerzo lo hice para hacerlo sentir orgulloso y para tener su reconocimiento.

Quiero detenerme un poco y profundizar en lo que acabo de escribir. Es un hecho que todos desde pequeños deseamos el amor y la mirada de aprobación de nuestros padres, en muchas ocasiones invalidamos nuestros deseos por cumplir los de ellos y así garantizar su amor.

Finalmente ambos acudieron a mi ceremonia de graduación. Afortunadamente en la sala eran más de 1,500 personas entre los graduados y sus padres. Cuando inició la entrega de LAE, mi mamá cuenta que llegó a pensar que yo me había equivocado de día, y habían pasado los apellidos posteriores a la "S" y no me mencionaban. Resulta que las Menciones Honoríficas son casi al final, solo antes de la Excelencia Académica que es arriba de 95 de promedio.

Llegó mi momento, yo me sentía muy orgullosa de haber conseguido destacar "una vez más" en una de las mejores universidades y darle a mi padre lo que tanto le importaba: una hija "inteligente, obediente y exitosa".

El ADN de mi RE-Evolución

Remotamente llegué a escuchar los gritos de mi madre que se confundían con los del resto de las personas. Cuando pude verlos, abrazarlos y brindar con ellos; me frustró mucho que mi padre a penas y me dijo:

- Felicidades mijita, bien hecho.

Tal vez fueron otras palabras, no recuerdo ni siquiera lo que me dijo. Pero en mi cabeza, de nuevo "no era suficiente".

Al terminar la carrera estaba trabajando en un gimnasio con un concepto muy padre, sin embargo; ya no me sentía contenta ahí y comencé a buscar algo diferente.

Por otro lado, llevaba muy poco tiempo de haber iniciado mi vida sexual. Un día llegué a casa de mi novio, estaba solo y él con muchas ganas de tener intimidad. Yo no quería, como buena controladora, sabía que estaba en días peligrosos y definitivamente no me daba la gana arriesgarme.

Adicional, no teníamos con que protegernos. A pesar de que le hablé del riesgo, él insistió, insistió e insistió jurándome la vieja no confiable: que terminaría fuera …

Muy a mi pesar, …. cedí.

Y él … incumplió su promesa.

Mi intuición me decía que algo no estaba bien, transcurrieron dos semanas y cuando tenía que venir mi período, no llegó. Quise convencerme que probablemente era porque estaba nerviosa, preocupada o cualquier otra razón. Dejé pasar pocos días hasta que hablé con él y le externé mi preocupación, acordamos un día comer en el Palacio de Hierro de Durango, muy cerca de donde yo trabajaba en ese momento, compramos la prueba y fui al baño hacerla.

Rezaba por que el resultado fuera negativo. No fue así, estaba embarazada con sólo 22 años.

Fue un shock inmenso, vi desplomarse todos mis "sueños" y anhelos. Deseaba estudiar una maestría en el extranjero y ser una ejecutiva exitosa.

Él me dijo que lo tuviéramos, que hablaría con mis padres, que se haría cargo.

Yo no sabía qué hacer, estaba encabronada, desesperada, nerviosa, sentía que había pasado por encima de mi voluntad, que no le había importado mi negativa de estar con él, me sentía abusada, poco digna y sobre todo; incapaz de ser madre.

Mi sobrina Prisy tenía poco de haber llegado a este planeta. Yo había juzgado súper fuerte a mi hermana por quedar embarazada, por el padre que había "elegido" para su hija y por muchas otras cosas.

Fui súper dura con ella y prácticamente durante el embarazo, casi no le hablé, sentía que había echado su vida por la borda y que todo el esfuerzo de mi padre por darle una carrera universitaria, lo había arruinado.

Definitivamente yo no podía hacer lo mismo. Aunque mis circunstancias eran diferentes y en este caso mi novio se haría cargo, decidí que no quería tener al bebé. Para él, fue un golpe muy fuerte, él si deseaba tenerlo.

Yo tenía mucho miedo, no quería que nadie en mi casa se percatara de lo que estaba viviendo y tuve que ser muy discreta para que no me pasara lo mismo que a mi hermana. Que intentaran convencerme de ser madre.

El ADN de mi RE-Evolución

Conseguimos un ginecólogo y al decirle que quería abortar, de inmediato contestó que él no podía ayudarnos. Estoy hablando que fue hace casi 20 años, en México aún no era legal y por supuesto las mujeres que llegaban hacerlo era de forma clandestina.

Creo que por internet di con otra ginecóloga que se especializaba en adolescentes y aunque yo ya no entraba en esa categoría, seguía sintiendo una nula capacidad para criar y cuidar a alguien diferente a mí. Ella aceptó ayudarnos, me pidió que lo pensara bien y me habló de la herida interna que se genera cuando una mujer decide abortar.

Yo ya estaba decidida, no tenía más que pensar.

A través de unas pastillas, logré interrumpir el embarazo. Fue una noche en la que únicamente mi novio y la ginecóloga sabían que lo haría. Él quedó de estar al pendiente por si había alguna complicación. Afortunadamente la noche transcurrió con fuertes retortijones y por supuesto sangrado abundante, pero sin llegar a extremo peligroso.

A los pocos días fuimos a un ultrasonido para asegurar que todo estuviera "normal" y así fue.

De nuevo "olvidé" el incidente y seguí mi vida "normal".

Al poco tiempo cambié de trabajo. Entré como ejecutiva de cuenta en una empresa de intercambios multilaterales, era la competencia de la empresa en la que trabajaba mi novio. El que sería mi jefe era un hombre muy interesante e inteligente así que decidí contratarme. En esa época me era muy valioso contar con mentores o maestros de los cuales aprender.

Fue inevitable sentirme atraída por mi él. Era extranjero, 17 años más grande que yo, cuando iba a juntas con él, de manera muy sutil me coqueteaba. A parte de la diferencia de edad, era casado y con dos hijos.

Hombre "prohibido" estúpidamente eso lo hacía más atractivo.

En varias ocasiones que mi novio me llamaba y yo no podía hablar libremente, él se daba cuenta que mi novio se enojaba y me decía que no estaba bien andar con un celoso, que eso era inseguridad y otras cosas.

Cuando se me ocurrió empezar a comentar cosas sobre mi jefe, él inmediatamente se prendió y sintió que estaba tratando de seducirme. Estaba en lo cierto.

A los 23 años, recién egresada, con cuerpo esbelto y tonificado por el ejercicio, normalmente usando ropa ajustada y tacones, era difícil no llamar la atención.

Mi madre siempre me dijo que iba para" modelo profesional", aunque yo alucinaba que lo dijera, si me sentía mucho más guapa y atractiva que el promedio de las mujeres. Adicional a eso; mi Mención Honorífica era la prueba contundente que no solo era bella físicamente, también era muy inteligente y por supuesto creída y sangrona.

Que estúpida y equivocada estaba, creer que era superior por mi complexión física, por mi capacidad intelectual o cualquier otro atributo superficial. Sin duda he aprendido que nada de eso vale realmente.

La relación de noviazgo iba de mal en peor, a él le costaba creer que yo fuera tan insensible con el tema del aborto y que aparentemente le diera la vuelta tan rápido y sin remordimiento.

Uno de los momentos más en los que yo estaba anestesiada, convencida que era lo que tenía que hacer y la mejor decisión para mi futuro. De nuevo tomando decisiones desde la razón, sin conectar con la emoción.

Recuerdo muy bien que un jueves en la noche, mi novio había salido con algunos amigos. Yo pienso que lo aconsejaron. Al regresar, me llamó y empezó a decirme que yo era súper fría y calculadora, que no podía creer que en tan poco tiempo hubiera olvidado el tema del bebé, etc. Yo lo interrumpía diciendo que era algo que necesitábamos hablar personalmente, no me escuchaba y seguía con su discurso. Llegó el momento en que me harté, lo paré en seco y le pregunté:

- ¿Qué quieres?, ¿Qué terminemos?

- Sí, creo que es lo mejor para los dos.

- Ok, pues si eso es lo que quieres ... terminamos.

Colgué la llamada y me solté a llorar cómo niña chiquita, llevábamos 2 años 2 meses de relación, hasta ese momento había sido la relación más larga y a la vez sentía que si estaba enamorada, por supuesto había cosas que no me terminaban de encantar pero si le veía futuro a la relación. Me quedé llorando un buen rat o hasta que logré conciliar el sueño.

Al otro día, mi estúpido deber ser y compromiso con el trabajo, me hizo pararme e ir a la oficina.

Era un hecho que mis ojos hinchados cómo de sapo, revelaban mi estado emocional. Por más que quise ocultarlo, era evidente que no estaba bien.

Mi jefe por supuesto, no desaprovechó la oportunidad y no paraba de preguntarme:

- ¿Qué te pasa? , ¿Qué tienes?

Y así, toooodo el día. Llegó un momento que me cansé de sus cuestionamientos y le contesté por mensaje que había terminado con mi novio.

Acto seguido, me empezó a intensear que fuéramos a tomar un café.

Sinceramente no tenía nada de ánimos, pero de nuevo; fue tanta la insistencia, que acepté.

A partir de ese día, no me soltó. Decidió "consolarme", me besó un poco a la fuerza y me hizo sentir nuevamente "deseada".

Cómo ex militar supo por dónde llegarme.

Ese día me vendió la idea que tenía el potencial para ser la mujer "perfecta" y lo más estúpido del caso, yo la compré. Me convenció que a partir de ese momento, no contestara llamadas ni aceptara ver a mi ex nunca más.

Vaya que se me da ser radical en mi vida, pero eso fue una verdadera estupidez. Yo estaba muy resentida por la forma en la que habíamos terminado, me dolió mucho que no aceptara hablar personalmente y que hubiéramos acabado una relación de más de dos años por teléfono.

Al día siguiente, sábado, me habló, me pidió que nos viéramos y por supuesto yo le dije que ya no había nada que hablar.

Pasaron semanas y meses en los que él hizo todo lo posible por acercarse, recuperarme y yo simplemente; lo ignoré.

Estar con mi jefe era "emocionante", la simple adrenalina de saber que era todo lo prohibido lo hacía más atractivo.

El ADN de mi RE-Evolución

Eso sí, la tensión en la oficina era horrible. Poco a poco mis compañeros de trabajo empezaron a notarlo y las indirectas y miradas incómodas empezaron a ser insoportables.

Un día que yo me enojé por que sentí que él únicamente estaba jugando conmigo, le dije que si podía portarse "bien", yo también lo haría. Fue de las cosas más absurdas que he hecho.

Durante varios meses, todos los viernes íbamos a un hotel dónde pasábamos la tarde juntos, sin duda aprendí mucho de sexo con él, me dejé hacer cosas que no he vuelto a repetir, su experiencia sexual era muy amplia y disfrutaba sentir que estaba con un "hombre". Aunque en muchas ocasiones llegué a sentir dolor físico y una sensación de estar sucia y ser poco digna.

Él había estado 10 años en el ejército de uno de los países disciplina más estricta y que utiliza el método ruso. Hace poco me enteré que parte de esa metodología es la despersonalización para lograr la obediencia absoluta. Nunca le pregunté a qué rango había llegado, en ese momento me era irrelevante.

Después de un tiempo de relación, él había conseguido cambiarme de empleo a una empresa que asesoraba con un puesto mejor: Gerente de Flotillas, sin embargo, la pesadilla se intensificó.

Más control, únicamente él tenía mi número celular, me había convencido que mi hermana menor era una mala influencia y aunque compartíamos cuarto, no nos dirigíamos la palabra.

Obviamente ella desaprobaba mi relación (con mucha razón).

Parte de ser la" mujer perfecta" es que tenía que contarte con punto y coma todo lo que pasara en mi día; y sobre todo, cada una de mis experiencias con otros hombres con lujo de detalle, en ese momento realmente eran muy pocas.

Su control llegó a tal grado que cuando mi ex por milésima vez intentó comunicarse pidiéndole a una amiga suya que inventara que quería hablar conmigo, cuando tomé la llamada, su amiga inmediatamente me lo pasó, y yo casi de inmediato, colgué.

Al poco tiempo que él ex militar llegó y le conté, además de enfurecerse; me ordenó que fuéramos a su casa a hablar con él.

Yo no podía creer lo que estábamos haciendo, me hubiera gustado fingir que no me acordaba cómo llegar. No fue así, mi miedo era tan fuerte que seguía sus órdenes sin poner resistencia.

Afortunadamente mi ex no estaba en casa. Sus padres sí, ellos nos pasaron a la sala y tuve que pedirles que hablaran con su hijo para que me dejara de molestar, que yo ya estaba con otra persona.

Ahora que recuerdo esta escena me muero de la pena, no sé en qué momento me dejé manipular a tal extremo.

Lo que anteriormente había criticado de mi ex, en cuanto a los celos, él era multiplicado por 10,000. Dejé de vestirme con ropa ajustada, me compré sacos largos y no había forma que usara una blusa un poquito escotada, cualquier prenda que pudiera ser llamativa a la vista de otro hombre; estaba prohibida.

El control absoluto llegó cuando insistió en que pensara en un negocio que pudiéramos poner juntos. Después de varios días o semanas, se me ocurrió que un negocio de joyería sería buena idea; siempre me gustó mucho el diseño, las piedras semipreciosas y los accesorios en general.

Se lo tomó muy en serio y compramos máquinas para cortar, pulir y perforar piedras que compramos en Querétaro y el Estado de México. Prácticamente me convertí en su esclava.

El ADN de mi RE-Evolución

El taller lo pusimos en el cuarto que está arriba de casa de mis padres. Todos y cada uno de los días yo despertaba, a veces ni siquiera me bañaba, desayunaba cualquier cosa y me ponía a trabajar.

Empecé a ser un fantasma. Ya no me arreglaba, actuaba cómo robot.

Llegué a descuidar por completo mi arreglo personal. Para él, entre menos llamara la atención y más monja me viera, mejor. Desconfiaba de todos y cada uno de los hombres, incluyendo mi padre, tíos y por supuesto, amigos de la familia.

Me hacía dudar de mi misma pidiendo que le contara la misma historia en diferentes momentos y me argumentaba que le estaba mintiendo, que así no había sido. Hoy entiendo que era una forma de tortura psicológica.

Fue de los peores años de mi vida. Viví violencia psicológica, sexual y emocional.

En muchas ocasiones cedía a sus deseos de poseerme con el simple hecho de que me dejara en paz. De nuevo, quedé embarazada. No estoy segura, creo que tenía 24 años. Por supuesto cuando le dije, jamás propuso hacerse cargo. Desde el minuto uno dijo:

- Obvio no lo vas a tener, ¿verdad?"

Estaba en lo cierto, no quería traer al mundo a un pequeño con un padre así y atar mi vida a él. Ya luego entendí desde la Psicología Sistémica que toda concepción implica un vínculo indisoluble.

Afortunada o desafortunadamente yo ya sabía la técnica y decidí hacerme cargo de nuevo, poniendo en riesgo mi vida por segunda ocasión.

Increíblemente lo que me hizo despertar de la pesadilla, fue la violencia física.

Habíamos ido a un supermercado a comprar cosas que nos hacían falta. Cómo estaba súper advertida, tenía que ir cómo caballo viendo hacia el frente sin desviar la mirada a ningún lado. La más mínima sonrisa esbozada en mi boca, era señal de coqueteo.

A lo lejos, venía un hombre que aparentaba estar bien parecido, por supuesto ni siquiera pude verlo bien, pero en el momento que nos cruzamos con él, me entró el nervio y tímidamente sonreí.

Eso fue suficiente para desatar su furia y ganarme una sarta de insultos que continuaron hasta llegar al taller en casa de mis padres, dónde se atrevió a darme una cachetada.

En ese momento logré despertar un poco de mi aletargamiento, salí corriendo y me encerré en mi cuarto. Él insistió para que yo saliera pero no quería volverlo a ver en mi vida, me di cuenta que hiciera lo que hiciera jamás lo tendría contento, que ese cuento de que podía ser la mujer perfecta fue sólo el anzuelo para controlarme por completo y que no estaba dispuesta a seguir a lado de un hombre tan cruel y despreciable.

Algo dentro de mi me hizo darme cuenta que ese primer golpe era la clara señal de que si yo lo permitía, vendrían más y más y suena terrible decirlo, pero si tenía el potencial de terminar con mi vida de una u otra forma.

Mi madre afortunadamente le pidió que se fuera, que respetara el que yo no quería salir de mi cuarto. Evidentemente yo no podía confiarle a nadie la pesadilla que estaba viviendo. Era increíble todo lo que había permitido.

Al poco tiempo empezó con los chantajes, inventó que tenía una enfermedad venérea y que seguramente yo se la había contagiado por qué había estado con otros hombres. Quiso chantajearme por todo el dinero que había invertido en el negocio y que había dejado de pagar la escuela de sus hijos. En fin, utilizó todas y cada una de sus estrategias para hacerme sentir culpable y regresar con él. Afortunadamente no lo consiguió. Logré mantenerme firme en mi decisión y sólo en una ocasión cedí ante su petición de acompañarlo por unas piezas que habíamos pedido a unos lapidarios de Teotihuacán. Acepté con la condición que me acompañara a una plaza donde quería ver si podía dejar piezas a consignación.

Fuimos, estaba cerrado y de nuevo algo lo hizo enojar y me empezó a empujar de la espalda. Yo ya no estaba para soportar ni uno más de sus maltratos y le dije que ya no lo acompañaría a recoger el pedido. Que únicamente me dejara sacar mi bolsa del coche y me iría. Recordar esta escena me angustia.

Resulta que al agacharme por mi bolsa, quiso meterme a la fuerza, yo forcejeaba, sin embargo; él ganaba por mucho. Aún no se cómo ni de dónde me salió el valor de ponerme a gritar:

- ¡¡¡Auxilio, auxilio, me quiere llevar a la fuerza!!!

Recuerdo su cara de pánico, enojo y desconcierto, de sentirse exhibido, hoy sé que fue mi salvación. La gente se empezó a juntar cerca del coche y aunque no hacían nada, al menos generaron la presión necesaria para que él dejara irme.

Caminé en contrasentido, tomé un taxi y salí huyendo, me quedé con la extraña sensación de que me seguía y terminé en un parque atrás de una banca escondida. Así cómo la tristeza al recordar algunas escenas, ahora que escribo esto, vuelvo a conectar con el miedo que me generó sentirme completamente vulnerable y expuesta.

Al principio del libro mencioné que por muchos años había escrito diarios y que llegó un momento en que me deshice de ellos. Justamente fue él quien hizo que rompiera y quemara todos y cada uno de ellos. En su cabeza quería que destruyera por completo todo mi pasado para estar con él.

Reconozco que fue otra de las idioteces que hice para llegar a ser la mujer "perfecta". Por muchos años me dolió profundamente haberlo hecho, ahora siento que fue lo mejor, no necesitaba estarme recordando todas y cada una de las escenas dolorosas de mi vida.

Al terminar esa relación me sentía completamente destruida, no sabía quién era, ni mucho menos que quería, estaba perdida, desconectada por completo de todos, sobre todo; de mi.

Había perdido la noción de que estaba "bien" y que estaba "mal". A sus ojos prácticamente, todo estaba mal.

Para completar el cuadro, al poco tiempo de terminar, supe que de nuevo estaba embarazada.

Era horrible que de nuevo pensara en no tenerlo. Pero no cabía ni la más mínima duda, yo no deseaba ni podía traer al mundo a un ser indefenso con un padre como él. Por tercera y última vez, aborté. En las tres ocasiones lo hice prácticamente sola y hasta que cumplí 31 le confesé a mi madre, a mis hermanas y mi sobrina la mayor de los tres seres que me eligieron como madre por un tiempo corto.

Los años siguientes fueron de muchos cambios y grandes aprendizajes.

El ADN de mi RE-Evolución

3 de Junio, San Miguel de Allende, GTO

4:34am me despertó un ruido muy intenso en la parte de abajo.

Mi corazón se aceleró a mil por hora. Estaba dormida profundamente. Recordar las escenas de ayer me alteraron e hicieron dormir con miedo.

Mi mente, cómo es normal; pensó lo peor, que alguien se había metido y me sentí en peligro ... Fueron unos segundos, hasta que decidí bajar con la lámpara de mi celular y revisar que era lo que había generado el ruido.

Ayer se me ocurrió la fantástica idea de poner una tabla de madera cubriendo un cristal roto, ¿el objetivo? Impedir que entren moscas, mosquitos, abejas o cualquier bicho molesto que empiece a rondar dentro.

No contaba con que caería una tormenta y con el aire terminaría en el piso. Ver la tabla tirada y limpiar el agua de la botella que la sostenía, parece absurdo, pero fue un alivio.

Mi nivel de cortisol sigue alto, ya no podré dormir, así que preferí ponerme a escribir.

Estoy "sola" en la cabañita, es un terreno grande con otras 3 cabañas. Únicamente está habitada la primera por una mujer joven y su pareja. Ayer la saludé, es la dueña de los dos cachorros inquietos, juguetones y un tanto destructores.

Me considero muy valiente, puedo estar sola sin sentir soledad, desde pequeña podía caminar hasta la cocina de noche y sin miedo. Considero que en muchas ocasiones me he puesto en situaciones de riesgo de manera absurda.

Quiero iniciar el día contando un poco de mi necesidad de aventura.

¿Cómo y cuándo comenzó?

Quisiera pensar que es algo intrínseco, por un lado de pequeña cuando visitábamos Reino Aventura sin duda era la que más gozaba subirse a los juegos extremos.

Sentir la velocidad del viento en mi cara y perder el control de mi cuerpo por unos pequeños instantes, me parecía muy divertido. Mi abuelito Pascual me hacía segunda y era feliz subiéndose conmigo, se convertía en niño de nuevo y disfrutaba literal como enano.

Ya de adolescente, cerca de casa de mis abuelitos empezaron a rentar motonetas, me subí y pude manejarla bien al poco tiempo. Tal vez tendría 15 años cuando eso sucedió.

De ahí en adelante, no tengo memoria de algún otro momento que hubiera hecho algo muy atrevido hasta varios años después.

Posterior a mi experiencia terrorífica con el ex militar, pasaron varios meses para recuperarme. Era momento de volver a trabajar y cuando empecé a buscar en la bolsa de trabajo del ITESM, encontré la vacante de Gerente de Franquicias con un destacado diseñador de joyería mexicana. Al haber estado en el giro me permitió conocer de su trayectoria. Lo admiraba por todos sus logros tanto en la parte académica cómo por la capacidad de hacer crecer su marca y expandirse internacionalmente. Cuando tuve entrevista con él, sentía como si fuera a conocer una celebridad.

Me aceptó en su equipo de trabajo, en esta ocasión no corría el riesgo de que mi admiración pudiera transformarse en atracción, simplemente porque su preferencia sexual eran los hombres.

El ADN de mi RE-Evolución

Era el 2005, cuando mi mejor amiga de la universidad me planteó la idea de vivir juntas. Su hermana mayor había comprado un departamento en Polanco y nos lo rentaría a muy buen precio.

A los 25 años, ser Gerente de Franquicias y vivir en Polanco sonaba bastante atractivo, sin pensarlo mucho y sin hacer demasiadas cuentas, decidí que si lo haría.

Cuando le di la noticia a mi madre no la hizo nada feliz, a pesar de que llevábamos prácticamente la mayor parte de nuestra vida peleando y discutiendo, no quería dejarme ir. Mis promesas de irme se convertían en realidad, pero a ella le estaba costando soltarme. Gracias a la intervención de mi tía Helena, logró asimilarlo.

No tengo claro si antes o después de mudarme, tuve la fortuna de conocer un hombre que me ayudó a unir mis pedacitos, fue súper amoroso y entregado conmigo, el problema fue que yo no logré estar al mismo nivel de involucramiento y de nuevo una relación más que terminó.

Mi madre hace burla de que cada que terminaba con alguna pareja llegaba diciendo que ahora sí, pasarían 10 años antes de que volviera a estar con alguien.

Habían pasado pocos meses, era 30 de marzo del 2006 cuando me tocó ir hacer la apertura de la franquicia en Valle de Bravo, el equipo que iba conmigo también era súper joven y a pesar de que terminamos agotados, decidimos ir a divertirnos al lugar más famoso de ahí llamado "La Pachanga".

En esa época de mi vida fumaba, me hacía sentir "grande e importante" el tema es que casi nunca cargaba con encendedor. Teníamos poco tiempo de haber llegado al lugar y yo quería prender un cigarro, cerca de mi estaba un chico que parecía fumador, me acerqué para pedirle que me encendiera el cigarro, me dijo que no tenía, pero que me lo conseguía. Pasaron escasos dos minutos y cómo no veía que regresara, me acerqué a un mesero para encenderlo, cuando regresó, ya lo había prendido. Muy amable me dijo que estaba en la mesa de al lado, por si necesitaba algo.

Al poco tiempo lo vi bailando con una chica y me llamó mucho la atención, no lo había mencionado, bailar es una de las cosas que más disfruto. Dejó de bailar con ella y desee que me pidiera bailar con él.

Así fue, se acercó y comenzamos a bailar. Desde el segundo 1 me sentí tranquila, confiada y feliz de estar con él. Bailábamos, platicábamos y reíamos, no tengo las palabras exactas pero me dijo que me veía muy seria, le conté que estaba cansada por el trabajo y que además sentía que en el lugar había puro chavito.

Inteligente de su parte preguntó:

- Pues ¿Cuántos años tienes?

Yo, sintiéndome muy grande, contesté:

- 25, y la pregunta obligada, ¿y tú?

- ¡26!

Aunque en teoría era más grande, para mí seguía siendo un mocoso.

Siempre tuve la duda si nos conocimos el 30 de marzo el 1 de abril, esa es una de las fechas que más adelante se repite. Estuvimos bailando 3, 4 o 5 horas, no lo sé. Lo que si tengo muy presente es que sentía que estaba en las nubes, un hombre alegre, sencillo, simpático, divertido e inocente. A la vez, físicamente muy atractivo, alto, delgado, ojos grandes, cabello chino y con un estilo árabe que me encanta.

Me contó que era piloto aviador y quiso que saliéramos a su coche, quería obsequiarme algo. De repente sacó de la guantera lo que usan los pilotos sobre los hombros que hasta ese momento supe que se llaman "Alas". Palabras más, palabras menos me dijo:

- Te doy mis alas, espero que no las rompas.

Ese detalle me conmovió muchísimo, se me hizo de lo más tierno y a la vez me sentí comprometida. Quiso llevarme a mi hotel, yo había pagado para aventarme del parapente el día domingo. Él no podía creer que fuera hacerlo, a pesar de ser piloto confesó que le daban miedo las alturas y que jamás se aventaría de un paracaídas o parapente.

Fuimos siguiendo el coche de mis compañeros de trabajo. Está fatal pero no tengo memoria si ese día nos besamos.

Yo no terminaba de creer la noche tan mágica que acababa de vivir, literal era un sueño haberlo conocido, eso que dicen que cuando te enamoras sientes mariposas en el estómago, lo comenzaba a sentir.

Dormí muy poco cuando ya tenía que levantarme para ir a saltar. Nos subieron en una camioneta/ camión 4x4 dónde íbamos unas 10 personas. Llegamos al lugar de dónde nos aventaríamos, recordé perfecto las palabras del piloto que conocí un día antes, ¿ya viste desde dónde te vas aventar? Por supuesto que era la primera vez que estaba ahí, la vista era espectacular, Valle de Bravo es un lugar hermoso y lleno de naturaleza.

Llegó mi momento de saltar, las indicaciones son pocas, evidentemente te avientas con un instructor certificado y él o ella hacen prácticamente todo. Al estar en el aire a parte de mareada por la desvelada y un poco lo que había tomado, se intensificó la sensación de estar en las nubes, soltar el control, dejarme llevar por la emoción que me había despertado el piloto, me hizo sentir viva y con muchas ganas de extender mis propias alas. Casi para aterrizar el instructor me preguntó si quería que hiciera algunas piruetas a lo que evidentemente contesté que sí, fue lo más intenso de la experiencia. Logré aterrizar y a los segundos, volví el estómago, eran demasiadas cosas que se habían movido por dentro.

De regreso a la realidad, al día a día de trabajo. En ese momento se usaba una aplicación que se llamaba ICQ, era lo que ahora conocemos cómo Messenger o WhatsApp. Nos escribimos por ahí tal vez a diario. Llegó el jueves y me preguntó que cuáles eran mis planes para el fin de semana, le contesté que aún no tenía, que si quería venir a visitarme.

Resulta que me tomó la palabra y viernes en la noche llegó. Lo acompañaba un amigo que resultó que había estado en la misma universidad y también era conocido de un ex.

Ese día fuimos a un bar dentro de un Hotel en Masaryk de Polanco. Resulta que ese día parecía la mujer más popular, a parte de la coincidencia con su amigo, me encontré con alguien y además había salido una foto mía en el periódico o revista dónde comentaban la apertura de la franquicia. Él había nacido en Ciudad de México, pero llevaba viviendo en Querétaro muchos años. Al saber eso cuando nos conocimos no quise hacerme demasiadas ilusiones, jamás había confiado en los amores de lejos.

Ya era más de las 3am, él casi no conocía la ciudad y temía perderse de regreso a casa de su padre que vivía con su esposa al sur de la ciudad. Me pidió quedarse, pero yo sentía que todo iba muy rápido y eso me espantaba. Aplicó el clásico:

-    No voy hacer nada que tú no quieras.

El ADN de mi RE-Evolución

Incluso sugirió poner una barrera de almohadas en medio de la cama para que me sintiera más confiada. Así fue, pasamos el resto de la madrugada en la misma cama pero nunca intentó pasar de mi lado. Agradecí enormemente, yo no lo tengo presente, pero mi madre recuerda que en varias ocasiones dije que los hombres eran unos perros, él me estaba demostrando que no siempre es así.

El domingo en la mañana llamó su padre, nos invitaban a comer a su casa. Empezaba la presión familiar. Por un lado, súper entendible. Una mujer viviendo sola en la Ciudad de México y dejando que un "extraño" se quedara en su departamento, sonaba muy atrevido. No tengo idea de que se imaginaron de mí, antes de que se pasaran una historia diferente, decidí aceptar la invitación.

Llegamos a la casa, una casa muy linda en las Águilas dónde vivía su padre con su actual esposa. Confieso que me sentí incómoda con las múltiples preguntas del papá. Literal sonaba interrogatorio, yo contestaba con la verdad y creo haberme sentido con la seguridad suficiente para no dejarme intimidar.

Posterior al cuestionamiento, comimos. Sinceramente no recuerdo que me ofrecieron de comer, sin embargo recuerdo que desde el primer minuto me cayó muy bien la esposa, una mujer muy inteligente; sin hijos. Había invertido bien su dinero y además había viajado por todo el mundo.

Me pareció haber causado una buena impresión. El piloto, me llevó de nuevo al departamento y nos despedimos, yo con una fuerte sensación de que se estaba generando un vínculo intenso. Incluso me parece que al irse lloré un poco de tristeza por la despedida.

Eso no era nada común en mí. "Selene la mujer fuerte que todo controla, que dice cómo, cuando y a qué hora, que logra dominar las situaciones, que todo lo que se propone lo consigue", en ese momento me desconocí y recuerdo haberme sentido muy vulnerable.

En la semana seguimos en contacto y me propuso ir a Valle de Bravo, parte de su familia estarían allá. Yo le dije que no me sentiría cómoda de quedarme en la misma casa, así que él buscó una cabaña donde podernos quedar.

Recuerdo muy bien la sensación de tomar el camión y creer que era una locura, apenas lo conocía y ya iría a pasar un fin de semana romántico en una cabaña. Además era viernes santo, una situación muy arriesgada y comprometedora para una familia tan tradicional y religiosa como la suya.

Llegó por mí en moto (siempre me han gustado mucho). Tiempo después me confesó que le llamó mucho la atención que en ningún momento me dio miedo subirme.

Llegamos al lugar de las cabañas, teníamos que subir muchos escalones. Al fin llegamos a la nuestra. Únicamente había una cama, él súper lindo me dijo que no me preocupara, que incluso su abuelita le había dado un discurso sobre la importancia de respetar los días santos de la cuaresma. Así que no tenía de que preocuparme.

De ahí fuimos a conocer a su familia, la casa está en una de las zonas más caras de Valle. Todos me recibieron con mucho cariño, conocí a su abuelita, su tía, dos de sus primos, sus esposas y unos sobrinos súper bellos. Cómo es normal en mi, conecté muy rápido con la mayoría, es especial los más pequeños.

El piloto cumplió su parte de portarse bien.

El ADN de mi RE-Evolución

De repente sin buscar, vi su INE, sólo por curiosidad la revisé y resulta que no tenía 26 años cómo me había dicho, tenía 24 y en agosto cumpliría 25.

Aunque era tarde para dar un paso atrás, me sentí engañada. Pero en ese momento, no dije nada.

Dentro de las cosas que hicimos, fue regresar en moto al lugar donde me aventé del parapente, tomamos fotos muy padres. Una de ellas la puse en su perfil de ICQ.

La siguiente semana él volvió a la Ciudad de México y mientras estábamos cenando le pregunté:

- ¿Qué te dicen tus amigos cuando ven mi foto?

- Pues me preguntan qué ¿quién eres?

- ¿Y qué les dices?

- Pues que eres mi novia

- ¿Queeee?, ¿En qué momento me pediste que fuera tu novia?

- Ahhh pues si no fueras mi novia, no estaría viniendo a CDMX a verte.

Definitivamente tenía un punto, ese día me pidió ser su novia formalmente.

Resulta que mi trabajo con el súper diseñador de joyería ya me había cansado, me la vivía estresada y cansada. El mal trato a los empleados, clientes y proveedores era un factor determinante para que deseara salir de ahí.

Mi jefe era el Director Comercial, el tema es que el dueño de la empresa y marca era el Director General y normalmente me pedía cosas. Era muy compleja la relación, ellos eran pareja y en muchas ocasiones me tocó presenciar peleas incómodas en la oficina.

Al principio fue mi mejor terapia, estar muy ocupada me ayudó a dejar de pensar en todo lo que había vivido con mi ex.

Ahora tenía un novio que amaba y que me importaba poder estar más tiempo con él.

Tal vez al año de haber entrado contrataron a una mujer para que nos dividiéramos la atención a franquicias, yo seguía siendo la Gerente, pero ella llevaría toda la parte de operación. Por supuesto ayudó mucho a bajar mi estrés. Hicimos buen equipo tanto en el trabajo como en generar una bella amistad.

En una ocasión hablé con el diseñador y le dije que ya no podía mas, que estaba cansada, que muchas cosas no estaban funcionando y que deseaba renunciar. Me prometió que haría cambios y que no me fuera. Cedí y me quedé probablemente dos meses más, al ver que no había ningún cambio sustancial, decidí inventarme una historia, decirle que ya me habían contratado en una empresa farmacéutica y que necesitaba entrar en una semana.

Me creyó y ya no hubo manera de que pidiera quedarme. En una semana preparé mi entrega con la mayor dedicación posible, me cuesta el orden en los papeles, soy buena para muchas cosas; la atención al detalle, no es lo mío.

Entregué todo y mi plan era tomarme una o dos semanas antes de iniciar la búsqueda de trabajo. El lunes mi hermana menor me escribió para decirme que mandara mi CV, que la farma en la que estaba trabajando necesitaba un representante de ventas. Así lo hice y ese mismo día me agendaron mi primer entrevista, con la asociada de RH.

El ADN de mi RE-Evolución

Ella cuando supo que era hermana de Angie casi de inmediato me dio el visto bueno. De ahí me pasó a entrevista con la que fue mi jefa, tenía fama de ser súper estricta y poco accesible.

Me fue muy bien en general, me dijo un comentario que me pareció muy valioso.

- Me encanta tu perfil, pero me preocupa que vienes del mundo del diseño, eventos, pasarelas, etc. y el trabajo de un Representante Médico es duro. Todo el día estás en la calle, manejando, esperando a que los médicos te reciban y las zonas que te tocarían como repre no son precisamente las más lindas. Estarías visitando Lindavista, Satélite, Aragón, un poco de Neza, Pachuca y Querétaro. ¿Te ves haciendo el trabajo?

Mi respuesta fue:

- No me espanta el trabajo duro y sin problema, puedo hacerlo.

La idea de viajar una semana al mes a Querétaro, me daba la posibilidad de estar más cerca de mi novio. Me importaba poco que de ser Gerente bajara a un puesto de menor jerarquía, la empresa a la que entraría estaba en el top 10 de las farmas más importantes y reconocidas del mundo.

Mi sueldo prácticamente sería el mismo, la gran diferencia es que me darían coche y múltiples prestaciones. Estaba convencida que era la mejor oportunidad de trabajo que podía tener.

Después de mi jefa directa todavía tuve dos entrevistas más, con el Gerente Regional y con el nuevo director de Neurociencias. El Regional no podía creer que haya renunciado a un trabajo antes de asegurar tener otro. Mi respuesta fue:

- Confío plenamente en mis capacidades y estaba segura que encontraría otro trabajo en poco tiempo.

La entrevista con el Director fue breve, estaba llegando de otro país, sorprendido que ni siquiera sabía donde viviría y ya estaba entrevistando gente.

Finalmente me hicieron la propuesta económica y firmé. Empecé a trabajar la semana siguiente de dejar la joyería, era octubre del 2006. Antes de salir a "campo" (así se le llama a visitar a los médicos) pasas por una intensa capacitación. Desde farmacología, farmacodinámica, las enfermedades para las cuales estaría trabajando, mecanismo de acción de los medicamentos, estudios relevantes sobre los mismos, la competencia y cómo hacer visitas médicas efectivas.

Mi trabajo era visitar Psiquiatras, Neurólogos, Neurocirujanos y algunos médicos internistas importantes. Mi portafolio constaba de un producto para Trastorno Depresivo Mayor con síntomas físicos dolorosos, un producto para Esquizofrenia y uno para Disfunción Eréctil.

La capacitación duró de mes y medio, a dos meses.

Mi hermana menor trabajaba en la misma empresa, con el mismo cargo, en la misma área, diferente zona, diferente mix promocional y diferente gerente de distrito.

Ella ya llevaba 4 años ahí, había entrado desde becaria y se había ganado el cariño y respeto de muchas personas.

Un fin de semana tuvo un suceso fuerte que hizo que rescindieran su contrato en la empresa. A pesar de que varias de las personas que la conocían y sabían de su calidad humana y su alto compromiso con la empresa, abogaron por ella.

Resulta que el nuevo director que dijo sí a mi contratación, fue el que no se doblegó antes las peticiones de los que defendían a mi hermana.

Cuando me habló para darme la noticia, mi reacción inmediata fue decirle que me iba con ella, que renunciaba, yo no quería quedarme ahí.

Ella, que normalmente es mucho más sensata, inteligente y menos arrebatada que yo, me dijo:

- No, tú quédate, ya entraste a una buena empresa, ya tienes coche, prestaciones, etc. Además ... ¡te tienes que quedar a "demostrar lo que somos"!.

La verdad es que esas palabras se me quedaron tatuadas, no terminaba de entender a que se refería con eso mi hermana, pero no era el momento para cuestionarla. Suficiente tenía con procesar todo lo que estaba pasando en su vida y con el duelo de dejar una empresa a la que le había invertido tanto tiempo.

Sabía lo que para ella significaba su trabajo, todo el empeño y esfuerzo que había puesto para ganarse un lugar, las horas y horas que le dedicaba cuando nadie estaba en la oficina, en fin; me dolió mucho sentir que era injusta su salida mientras yo iba llegando.

De nuevo estoy llorando, no entiendo porqué pero me dolió en lo más profundo, absurdamente llegué a sentirme responsable y culpable. No era posible que ella tenía una carrera en ascenso y en menos de un mes que yo había llegado; eso se había terminado.

He trabajado con esa parte de sentirme culpable por cosas que no me corresponden, pero siento que es algo que debo dejar ir. Tal vez cómo en algún momento ella me lo reclamó:

- Tú no eres el centro del universo.

Y hoy lo sé, hoy lo tengo claro. Soy el centro de mi propio universo, así como todos y cada uno de nosotros.

En fin, los siguientes tres años ahí hacía mi trabajo "bien" visitaba a los médicos y cumplía con las métricas que me pedían, sentía que no daba un extra, trabajaba cómo máquina, sin detenerme mucho a pensar.

Fue muy castrante que cada que me tocaba ir a oficina o en juntas/convenciones me preguntaran: ¿Cómo está Angie?, ¡¡¡salúdamela mucho!!! Ay Angie, siempre taaaan linda! Al presentarme en muchas ocasiones no me presentaban cómo Selene Serrano, decían:

- ¡Es la hermana de Angie!.

Hubo veces en las que tuve que respirar profundo y esbozar una sonrisa falsa, por dentro se me revolvía el estómago, era cómo si yo no existiera, cómo si lo mejor que podía tener de cualidad era ser la "hermana de".

Así prácticamente pasaron 3 años, se perfecto que para mi hermana también fue difícil enterarse de cambios, promociones, eventos, congresos, etc. de la empresa en la que estaban personas importantes para ella.

Con todo y eso, logré dar muy buenos resultados, inicié en la posición de 21 de 23 y llegué al 3er lugar de mi ranking, eso quería decir que ya ganaba una buena cantidad en comisiones.

El ADN de mi RE-Evolución

En el inter, estuve tomando psicoterapia con una de las psiquiatras que visitaba, la Dra. Torres, habíamos logrado un vínculo de confianza y me sentía bien hablando de mi vida con ella.

Llegó un día en el que me preguntó:

- ¿Cómo vas con tu novio?

- Muy bien, estamos muy contentos, casi todos los fines de semana nos vemos, ahora que trabajo una semana allá lo veo más, en fin. Todo va viento en popa.

- ¡Me da mucho gusto! Y ¿para cuándo la boda?

Seguramente mi cara fue de sorpresa y extrañez. Respondí:

- No lo sé, tal vez en dos o tres años.

- Selene, cuando las relaciones no evolucionan; tienden a terminar. Piénsalo, podrían empezar a planearlo.

Recuerdo que tal vez de adolescente decía: yo me voy a casar a los 26 o 27, tendré hijos a los 29, seguramente hablé de tener casa, viajes, etc.

Las palabras de la doctora resonaron fuertemente. No sé cómo logré transmitirle a mi novio que ya era momento de comprometernos. Incluso le dije cómo no quería mi anillo de compromiso.

Recuerdo que yo ya presentía que me lo entregaría en cualquier momento, consideraba que ya sabía gran parte de mi historia, ya conocía a mi familia yo a la suya y ambos nos sentíamos felices de estar juntos.

Llegó una noche en la que me armé de valor y llorando casi inconsolable le confesé que en el pasado había evitado ser madre de tres pequeñitos. Era algo que me atormentaba y creía importante que supiera antes de continuar con los planes de matrimonio.

Cómo casi siempre, su forma de reaccionar fue sorprendente, me dijo que no me preocupara, que si no hubiera sido así, él y yo no estaríamos juntos. Fue de lo más lindo y comprensivo.

Inmediatamente después, sacó de su mesita de noche el anillo de compromiso, para mi enorme sorpresa, eran tres diamantes. Hoy quiero pensar que ahí estaban representados esos pequeños seres que decidieron encarnar en mí por poco tiempo.

Lloré, lloré y lloré ... Me sentía aliviada de haberle podido confesar mi mayor secreto y a la vez mi más grande pecado. Al poco tiempo le pedí que guardara de nuevo el anillo y que encontrara otro momento para dármelo. En mi cabeza no podía guardar el que me hubiera pedido ser su esposa así. ¿Cómo contaría la historia a mi familia y amigos? "Necesitaba una versión socialmente aceptada".

Él, como la mayoría de las veces, me hizo caso y lo guardó. Tal vez pasó una o dos semanas cuando fuimos de nuevo a Valle, las siguientes veces que íbamos ya nos quedábamos en casa de su tía. Fuimos a dar un paseo en cuatrimoto, él había preparado un súper picnic con fruta, quesos, vino, carnes frías y al lado de una laguna me entregó el anillo. Fue un momento lindo y emotivo.

Fue una bella manera de recordarlo y poderlo contar. Aunque la auténtica y real tenía un sentido mucho más profundo. Regresando le dimos la noticia a su familia, hablé por teléfono con la mía y por supuesto todos estaban muy felices de nuestro compromiso.

El ADN de mi RE-Evolución

Era un hecho que nosotros pagaríamos la boda, mis padres en ese momento no tenían la solvencia para absorberla y yo tampoco pretendía que lo hicieran.

Coincidió que mi roomie estaba por irse a Barcelona hacer de nuevo un máster y me pidió que buscara con quien compartir el departamento. No encontré y pensé que la mejor forma de ahorrar para la boda, sería regresando a casa de mis padres.

Así lo hice, mi trabajo me demandaba todo el día, sabía mi hora de inicio pero nunca mi hora de terminar. De Polanco a mis zonas de trabajo era relativamente rápido llegar, saliendo de casa de mis padres me tardaba casi el doble cruzando la ciudad; pero no me importaba, con tal de juntar el dinero para casarme y hacer una hermosa boda; valía todo el esfuerzo.

En paralelo de estar trabajando fuimos organizando la boda, poco a poco fuimos decidiendo los detalles y reconozco que él me dejó elegir la mayoría de las cosas. Considero que fui muy buena para la organización. Su padre nos aportó una cantidad considerable para la boda y/o la luna de miel, mi madre me regaló mi vestido de novia que sin duda fue lo más difícil de encontrar y a la fecha, no logro liberar.

Quise tener 8 damas de honor: mis hermanas, sus dos hermanas, una prima, una amiga del trabajo y dos amigas de la Universidad.

Ahh olvidé mencionar que con mi romiee y mejor amiga de la Universidad, terminé muy enojada, me pidió que sacara mis cosas justo el fin de semana que mi novio cumplía años y por más que intenté convencerla de que me dejara hacerlo en otro momento, no quiso ceder, en teoría ya iban a ocupar el departamento. De nuevo mi lado radical, hizo que dejara de hablar con ella en varios años. No fue invitada a mi boda, se que eso le dolió, pero muy linda ella me buscó cuando se iba a casar y logramos reconciliarnos.

Durante el año de preparativos casi para todo fui muy práctica y eficiente, menos para la elección del vestido y para la organización de la pedida de mano. Mis padres aún no conocían a los suyos, mi madre tiene una personalidad peculiar y le gusta ser el centro de atención, el padre de él, igual. Sentía que o se caerían increíble, o se alucinarían.

Meses antes mandé retapizar la sala, mandé hacer un mantel con servilletas a la medida de la mesa redonda, hice limpieza profunda y reacomodo de mil cosas, en pocas palabras, trabajé muchísimo para ese día. Quería que la casa se viera "perfecta". Invertí mucho tiempo, dinero y energía en el encuentro.

Afortunadamente todo salió muy bien. Excepto que al terminar la cena, el BMW de mi casi-esposo estaba sin espejos. Mientras estábamos en la pedida, los dueños de lo ajeno se los llevaron.

En ese momento no dijo demasiado, pero días posteriores habló conmigo y aunque ya habíamos decidido que viviríamos en CDMX por mi trabajo, él me dijo que no quería formar una familia en una ciudad tan peligrosa y con tanta inseguridad.

Me pidió que sondeara la posibilidad de que me hicieran cambio a Querétaro. Argumenté que en los tres años que llevaba trabajando ahí, no había salido ninguna vacante. Mi boca se calló cuando en menos de un semana, enviaron un Jobposting (oportunidad laboral) para Representante de ventas en Qro.

Aunque no me hacía del todo feliz, apliqué. Me habían hecho las entrevistas necesarias y finalmente me cambiaron la jugada y me ofrecieron una vacante para fuerza especialista. Estaría viajando 2 semanas al mes, mi base sería Querétaro, viajando a San Luis Potosí

El ADN de mi RE-Evolución

una semana y otra semana a Celaya, León y Aguascalientes. Era aceptar eso, o quedarme en CDMX. Finalmente lo acepté.

Un día antes de la boda mí hermana menor se fue conmigo por carretera, yo me sentía bastante tranquila.

Llegó el día: 7 de marzo 2009, me empezaron a peinar y maquillar a medio día. Me fui a comer sola al restaurante del Hotel y era increíble que estaba muy "tranquila". Me parece que a las 6 tuvimos sesión de fotos, mi futuro esposo se emocionó mucho al verme, me había esmerado en seleccionar todos y cada uno de los detalles de mi ajuar.

El vestido era de Pichelina, sin piedras ni bordados, una falda llena de holanes un vestido estilo español, compré una torerita de encaje con aplicaciones de piedras que le daban un toque muy elegante, una flor hermosa que complementaba el peinado y un velo largo y espectacular … Mis zapatos… ¡uff esos fueron motivo de diferencia con mi padre!.

Como mis damas irían de rojo, quise que mis zapatos también lo fueran, era un detalle que probablemente nadie vería, inconscientemente era mi pequeño símbolo de rebeldía.

Realmente me sentía como una princesa de cuento, mis padres, los suyos, mis damas de honor y por supuesto mi sobrina Pry de pajecita todos estaban guapísimos y perfectamente bien arreglados. La misa era a las 7pm. En la iglesia de Jurica a menos de 1km de la Hacienda.

Uno de mis caprichos fue rentar una carreta con caballos para llegar a la iglesia, era el complemento perfecto para la boda estilo español. La única persona que iría conmigo en el carruaje, era mi padre.

Llegó el momento de subirnos y partir rumbo a la iglesia.

A los pocos segundos de estar arriba de la carreta él quiso decirme unas palabras. Yo lo detuve en seco y le dije:

- Por favor, no me digas nada.

Era como si me en ese momento me hubiera caído el veinte de lo que estaba haciendo, el saber que ya no eran preparativos, que había llegado el momento de dar el sí "Para toda la vida".

No tengo claro que pasó internamente, simplemente no quería que mi padre dijera ni media palabra, sentía que cualquier cosa me haría llorar.

Definitivamente entré en pánico.

Llegamos a la iglesia y muchas personas me recibieron con gritos de alegría, por supuesto, entre ellas; mi madre. Nos acomodamos para entrar, entré del brazo de mi padre y al llegar al altar cómo es normal, me entregó.

El sacerdote que promulgó la misa fue muy ameno y divertido, hacía chistes y contaba anécdotas, yo estaba muy nerviosa no podía concentrarme en lo que el Sacerdote decía.

Llegó el momento de dar los votos y cuando fue mi turno, se me cerró la garganta, no podía hablar, seguramente los invitados creyeron que era de emoción y probablemente yo lo creí así por un tiempo; sin embargo, después entendí que mi cuerpo me estaba hablando, estaba haciendo algo que en lo más profundo de mi ser, no quería.

El padre me pidió que respirara y luego hablara, con mucho esfuerzo logré decir los votos y nos declararon marido y mujer.

La fiesta fue en Hacienda los Laureles, el patio estaba hermoso. Lleno de claveles rojos, velas y las mesas montadas de una forma que lucía mucho.

El ADN de mi RE-Evolución

Comencé hacer corajes. A pesar de haber dedicado horas y horas al acomodo de las mesas, fue un desastre. La persona que estaba en la entrada le costó mucho trabajo entender mi formato y luego hubo quienes no les importó y se sentaron dónde les dio la gana.

Contratamos un grupo de flamenco para amenizar la cena. Mi recién esposo con su espontaneidad, decidió que bailáramos la canción de volare en el pequeño escenario que se montó para el tableado. Fue un bello e inesperado momento, aunque de nuevo yo y mi control, estaba más preocupada porque me pisara el vestido o sentía que en cualquier momento podía caer al suelo y haría el ridículo de mi vida.

Ambos invertimos una cantidad de dinero importante.

Yo, aparte de dinero, invertí mucho de mi tiempo en la organización y cuidar todos los detalles. Recuerdo haber bailado, cantado, comido y tomado y pasármela "bien" pero no recuerdo haberme sentido plena ni feliz en mi propia boda, en ningún momento pude relajarme y dejar de preocuparme por detalles estúpidos.

Finalmente llegó la hora de que los novios se retiran. Él había tomado más de lo normal y evidentemente no hubo "noche de bodas". La sensación al otro día fue un poco: ¿¿¿qué acabo de hacer???

Me parece que ese día regresamos a Ciudad de México por que el lunes tomaríamos un vuelo a New York. Era la primera vez en mi vida que iba a esa ciudad que tanto había anhelado conocer.

El vuelo transcurrió sin novedad, después de poco más de 4 horas ¡llegamos a la gran manzana! Yo me sentía muy emocionada de conocer los museos, el Central Park, era súper fan de la serie Friends y Sex and the City, ambas desarrolladas en esa gran ciudad, así que mi deseo de conocer la 5ta Av., restaurantes, bares, todos los barrios posibles, la estatua de la libertad, el Empire State, el Chrysler Building, etc. era inmenso.

Mi esposo, tenía muchas cualidades, era amoroso, tierno, divertido, sensible, cariñoso, trabajador, buen hijo y hermano, etc. le gustaba gastar en motos y coches, pero le costaba trabajo gastar en cosas más sencillas, cómo tomar un taxi al hotel increíble que había reservado meses atrás, cerca de Central Park y la quinta Avenida.

Llegamos en metro al punto más cercano que era Colombus Circle, es un hecho que al viajar me lleno los sentidos con los colores, sonidos, personas, aromas y sabores, pero soy malísima para recordar nombres de lugares, restaurantes, etc.

Fue un poco decepcionante nuestra estancia en Nueva York, yo quería entrar a los Museos y él sólo se fijaba en los precios para entrar, todo le parecía caro y únicamente le importaba sacar buenas fotos, eso no era nuevo, durante nuestro noviazgo de tres años fui su modelo favorita, reconozco que al principio me gustaba, me hacía sentir hermosa y posar para él era algo que disfrutaba. Poco a poco el encanto fue desapareciendo.

Mi deseo de conocer el MoMA, el Guggenheim, el Museo de Historia Natural, etc. se vieron frustrados, únicamente entrabamos para tomar fotos y ver la tiendita de souvenirs. Nuestras comidas eran en lugares cero fancy, no es que yo quisiera cenar en el lugar más lujoso de Nueva York, pero era nuestra luna de miel; al menos esperaba que nos diéramos algunos lujos.

Caminar sobre la 5ta Avenida también fue frustrante, yo estaba feliz de ver y entrar a las tiendas súper lujosas y él seguía en lo que yo llamé "modo chino", foto aquí, foto allá, al parecer estaba más preocupado por captar en foto todo lo que veíamos que por realmente disfrutarlo. Probablemente guardo una foto en la que estoy en Saks con una cara de ch... tu madre por la absurda necesidad de fotografiar toooodoooo.

Una de las noches en Broadway entramos a ver el "Fantasma de la Ópera", me da pena aceptarlo, me dormí en plena obra, sin duda la puesta en escena era espectacular, gran escenografía, actores y cantantes, pero la historia me pareció aburrida y tediosa. La obra que deseaba ver era el Rey León, no estoy segura si estaba Carlos Rivera y me parecía increíble que un mexicano estuviera en Broadway, pero de nuevo; "estaba muy cara".

Creo que estuvimos 4 noches en la Gran Ciudad, de ahí volamos a Miami para tomar un crucero por el Caribe. Cenamos en un lugar lindo de las principales calles de Miami, pero nos quedamos en un hotel bastante promedio cerca de la salida de los Cruceros. Nos embarcaríamos en el Liberty of the Seas, hasta ese año, el más grande en su categoría.

Hacer una maleta para clima de frío y luego clima de calor fue todo un reto. Siempre me ha gustado vestir bien y arreglarme, primero que nada para mí y luego para los demás. Pensar en ropa, zapatos, accesorios, maquillaje, etc. para un viaje de 12 días aprox. fue todo un reto y le invertí mucho tiempo.

Entramos al crucero, realmente era increíble. Varios pisos, múltiples restaurantes, bares, tiendas, albercas, jacuzzis, pista de patinaje, galería de arte, teatro, librería, es poco para describir todo lo que hay.

Todos y cada uno de los días arreglaban las toallas con una forma de animal diferente. La comida y bebida no alcohólica estaba incluida, por supuesto era un gran negocio por que consumir alcohol dentro del crucero no es nada barato.

Llegó la noche de cenar con el capitán del barco, nos tocó compartir la mesa con una pareja muy agradable de habla hispana. El momento ameritaba sin duda pedir una botella de vino que probablemente costaría 25-28 usd. Por supuesto él no quiso, la razón, ya es obvia. Me dijo que pidiera una copa y creo que a lo más, pedí dos. Me encabronaba sentirme limitada y esos detalles, me desesperaban mucho.

Otra de las cosas que pude alucinar fue que en uno de los desayunos o comidas, me emocioné sirviéndome postres, sí, es probable que me hubiera excedido un poco, pero el que se atreviera a decirme:

- ¿Te vas a comer tooooodo eso?, recuerda todo el trabajo que te costó bajar de peso para la boda para recuperarlo en pocos días.

Nunca lo hubiera dicho. Tuve la fortuna de nacer con un metabolismo rápido, a la fecha me mantengo delgada sin tener que hacer dietas o matarme con ejercicio.

Ya había tenido suficiente con mi madre que siempre se concentró en destacar mi cuerpo y estatura antes que mi inteligencia para que ahora mi esposo hiciera lo mismo.

Estábamos en el día 4 de 7 en el crucero y yo ya quería que terminara, me empezaba a entrar la ansiedad de regresar al trabajo y hacer algo productivo. Creo que era un claro reflejo que no estaba realmente disfrutando.

Conocimos San Juan de Puerto Rico, San Marteen, Labadee y no estoy segura si otra isla. Nuestras compras fueron limitadas y aunque yo tenía la solvencia, me hacía sentir culpable si gastaba de más.

El ADN de mi RE-Evolución

Regresamos a Ciudad de México y mis padres fueron por nosotros al aeropuerto, él se había ganado cien por ciento su cariño. Tal vez al día siguiente nos fuimos a Querétaro, él ya había dejado completamente acondicionado el departamento dónde viviríamos, su sueño era estar en un lugar que se llama "El Naútico", es cómo una isla con departamentos tipo loft con vista a la presa. Era un lugar muy bello, lleno de naturaleza y mucha paz y tranquilidad. A pesar de eso, yo seguía instalada en el rush del trabajo, me tocaba de nuevo conocer mi zona, los horarios de los médicos y hacer viajes en carretera más largos.

Al principio considero que disfrutamos de estar juntos todos los días, me gustaba inventar platillos y sorprenderlo con cosas ricas. La vida allá era demasiado tranquila para mi gusto.

Cuando me tocaba viajar a San Luis Potosí, me hospedaba en el Hotel Camino Real, estaba junto al Club La Loma y por ser huésped, te daban acceso a las instalaciones. San Luis fue una ciudad que disfruté trabajar, conocí personas lindas y descubrí grandes lugares para comer rico. En las noches pedía de cenar al cuarto y lo acompañaba con vino.

Mi cambio de puesto y área en la empresa fue algo muy positivo. Ya no pertenecía a Neurociencias, ahora era parte de Retail y al parecer ahí nadie conocía a mi hermana, por primera vez en 3 años, no era "la hermana de", ahora si era Selene. Eso me ayudó a quitarme un peso que venía cargando y no me dejaba mostrar mi potencial.

Inconscientemente sentía que si sobresalía en la empresa haría sentir mal a mi hermana porque ella ya no había tenido la oportunidad de crecer ahí, ideas absurdas.

Poco a poco fui destacando en mi fuerza de ventas y empecé a dar buenos resultados. Tuvimos cambio de Gerente Regional, un hombre de la misma edad que yo.

Todavía no existían las videoconferencias, así que lo conocimos por llamada telefónica, me pareció un poco insolente que sin conocerme se atreviera a llamarme "la Reina del Bajío".

A los pocos meses, tuvimos una junta en la Ciudad de México dónde lo conocí personalmente. Fue muy extraño pero desde que nos saludamos sentí que había mucha afinidad, vaya que no me equivoqué.

Era un hombre de 30 años, inteligente, con hambre de éxito, se sabía hábil y con liderazgo, carismático y muy coqueto al mismo tiempo. Elocuente al hablar y motivador nato.

De nuevo había "foco rojo". Afortunadamente lo veía muy poco, al ser el jefe de mi jefe prácticamente la interacción era mínima. En esa junta quedó de ir a trabajar conmigo. Ya se sabía en la empresa que yo era una destacada representante, con excelentes resultados y él quería verme en acción.

Es increíble cómo la música genera anclajes emocionales, puse un play list llamado New York Jazz Lounge para inspirarme, y justo empieza la canción de Wave ... En páginas más adelante contaré la relación.

En alguna de las convenciones a las que asistí, se organizó una carrera de 3km, decidí participar y recuerdo haber entrenado poco, correr nunca había sido mi pasión. Resulta que no dividieron la categoría de hombres y mujeres pero alguien dijo que yo había llegado en primer lugar. De repente, personas que nunca me habían dirigido la palabra en la empresa, se acercaban para felicitarme y con un genuino interés por platicar conmigo.

Desconozco cómo surgió en mi mente la increíble idea de correr el maratón de Nueva York, estaba por cumplir 30 años; estaba "bien casada", tenía un buen trabajo, vivía en un hermoso lugar, todo parecía marchar bien en mi vida; el check list hacia el "éxtio" iba muy bien, sin embargo; yo sentía que "algo me hacía falta".

De repente mi esposo quiso subirse a la ola y expresó que también quería correr el maratón. Me pareció una idea poco sensata de su parte, él no tenía ni tantitas ganas de correr, era evidente que solo lo hacía por acompañarme en ese sueño y lejos de alegrarme, recuerdo haberme molestado.

Investigando cuánto costaba la inscripción más el vuelo y hospedaje me di cuenta que era mucho dinero. Mi esposo y yo estábamos planeando viajar a Europa ese mismo año y creí que era buena idea buscar un maratón allá. Resulta que a finales de septiembre se llevaba a cabo el maratón de Berlín, seguía siendo dentro de los 5 más importantes del mundo, así que me pareció una gran opción.

Habíamos iniciado el entrenamiento juntos, salíamos a correr en las mañanas los días en los que él no tenía vuelo y yo estaba en Querétaro, coincidió que en el Club la Loma trabajaba como entrenador Germán Silva, maratonista mexicano que había ganado en dos ocasiones el maratón de New York. Hice pruebas de esfuerzo y le pregunté si él podía entrenarme, me dijo que sí, yo estaba muy entusiasmada de poder contar con su guía.

Era abril del 2010, recién había cumplido un año de casada. Convengamos que el matrimonio no estaba siendo cómo lo había imaginado. En el noviazgo viajábamos a pueblos mágicos casi todos los fines de semana, por supuesto, eso desapareció.

La vida de pareja se tornaba monótona y aburrida, prácticamente todos los fines de semana veíamos a su familia y hacíamos las mismas cosas.

Jamás he sido buena para las rutinas, me aburro y desespero con facilidad.

Era 11 de abril y yo iba llegando a trabajar al Hospital Ángeles de Querétaro. De repente, recibí la llamada de mi Gerente Regional, era muy raro que me hablara.

En pocas palabras me explicó que estaba formándose una nueva fuerza de ventas y eso abría la oportunidad para nuevas gerencias. Tenía conocimiento que estaba casada y que mi esposo era piloto aviador, en su cabeza eso daba la posibilidad de vivir en cualquier lugar y me ofreció la gerencia con base en Guadalajara.

De entrada, me sentí muy halagada y emocionada por la oferta; tuve que decirle que necesitaba consultarlo con mi marido, que en otro momento de mi vida habría dicho que si al instante, pero en esta ocasión; no podía ser así.

Me cuestionó sobre cuánto tiempo necesitaba para consultarlo y le dije que le tenía una respuesta por la tarde. Terminando la llamada le marqué a mi hermana menor y de manera muy sabia me dijo que negociara que me dieran la gerencia en CDMX, le llamé al Regional pero me comentó que esa ya estaba asignada.

En la comida platiqué con mi esposo, sin duda sus argumentos fueron muy convincentes, aceptar una gerencia en Guadalajara era olvidarme de mi matrimonio y ¿qué prefería? Él tenía la razón, yo llevaba un año de casada e irme a Guadalajara no era opción.

Por la tarde le llamé al Regional para agradecer la oportunidad pero negando la oferta. En ese momento me dijo:

-   ¿Y si te ofreciera la gerencia de CDMX?, ¿Aceptarías?

-   Mi respuesta fue, en un 90% sí.

-   Ok, asegúrame ese 10% y vuélveme hablar.

Yo estaba increíblemente feliz de poder tener de nuevo gente a mi cargo, eso significaría más ingreso, mejor coche y por supuesto mejores prestaciones. Le llamé inmediatamente a mi esposo para contarle. Él me comentó que si era lo que me hacía feliz y sentía que podía con todo, que adelante, me apoyaba en mi decisión.

Le regresé la llamada al Regional, y acepté la gerencia con base en CDMX.

4 de Junio 2021, San Miguel de Allende GTO

Me acaban de dar las 12am escribiendo. Viene la parte de la historia probablemente más álgida, me serviré otra copa de vino para poder continuar.

Me parecía increíble que mi ahora jefe me hubiera promovido sin siquiera haber trabajado conmigo, por una u otra cosa nunca pudo ir a Querétaro.

A los pocos días, me pidió que tuviéramos un 1:1. Eso quiere decir una reunión en la que únicamente estábamos él y yo. Fuimos a desayunar al Saks de Insurgentes. Debo reconocer que su presencia me ponía nerviosa, por un lado me gustaba estar cerca y a la vez me hacía sentir tensa.

Ese 1:1 fue de los momentos laborales más extraños que he vivido.

Me hizo mil y un preguntas, desde en qué primaria estudié, secundaria, preparatoria, universidad, qué me gustaba jugar de pequeña, cómo estaba conformada mi familia, porque había decidido correr un maratón, etc.

Recuerdo que mi discurso sobre el maratón fue que me gustaban los retos y consideraba que a mis 30 años necesitaba uno. En algún momento se me ocurrió decir que ya había aprendido que no todos los retos eran buenos; yo solita me puse en aprietos.

Cuando pidió que me explicara; le conté la historia del ex militar, que en algún momento me había vendido la idea de ser la mujer perfecta y todo lo que hice para conseguir un objetivo tan absurdo, obviamente omití el detalle que había sido mi jefe.

El ADN de mi RE-Evolución

Ahora está sonando la canción de "Insensatez", irónicamente me conecta con esta historia.

Fue una reunión fuera de lo "normal", probablemente estuvimos 4 horas o más, parecía que la plática no tenía fin y sobre todo; una conexión poco explicable. Llegó un momento en el que yo ya había dado demasiada información, a veces peco de ser transparente y si me preguntan cosas, contesto sin filtros.

Llegó un punto en el que le dije que ahora le tocaba contarme algo. Decidió contarme una de sus historias probablemente más dolorosas, se había involucrado fuertemente con una representante que estaba comprometida, juró que podría hacerla cambiar de opinión y terminaría quedándose con él, resulta que no fue así y ella decidió casarse.

Llegando a la oficina me enseñó su foto y para mi sorpresa la conocía bastante bien, "casualmente" se casó un fin de semana después que yo, al estar preparando nuestras bodas en paralelo teníamos muchas cosas que platicar. Yo no podía creer que esta mujer fuera capaz de llevar esa dualidad. Aparentaba ser súper linda, tierna y me costaba trabajo verla de otra forma.

Entramos en una complicidad casi inmediata.

El que había sido mi Gerente, ahora era mi par y la gerente que se quedó con la base de Guadalajara se llamaba cómo una de mis abuelas.

En las juntas era evidente que mis ideas, comentarios y sugerencias eran mucho más apoyadas y bien recibidas que las de ella, de hecho sentía que a él le llegaba a desesperar, aunque ella tenía mucho más años en la empresa y se sentía con mayor conocimiento; eso aparentemente no era bien recibido.

Regresando al tema del maratón, los entrenamientos con mi esposo dejaron de ser viables. De lunes a viernes la pasaba en lugares distintos a Querétaro, mi zona de trabajo a parte de CDMX, era Toluca, Morelia, Qro. San Luis, Tijuana, Durango, Mexicali; era una verdadera locura.

Dónde me tocara trabajar, hacía hasta lo imposible por cumplir con mi meta diaria de kilómetros de entrenamiento. En muchas ocasiones le llamaba a mí esposo para preguntarle si ya había entrenado y casi siempre me daba un pretexto:

- Es que estaba lloviendo

- Es que me dolían los tendones

- Es que estaba muy soleado

Cualquier excusa era buena para no entrenar. Yo me enojaba muchísimo, le decía que correr un maratón no era un juego, que necesitaba tomarlo con seriedad, que han existido casos de personas que mueren en el intento.

Eso a él, no le interesaba. Un día de los muchos que me enojé, decidió decirme que a él no le importaba si terminaba o no. En mi mente eso era inconcebible, no te fijas una meta para no cumplirá. Ahí comprobaba que sólo quiso hacerlo por acompañarme en el proceso, pero cómo ahora no estábamos teniendo la oportunidad de entrenar juntos, él había perdido completo interés.

Se acercaba la fecha de irnos, uno de sus tíos también piloto aviador, nos había regalado los boletos sujetos a espacio a París, eran los que utilizaríamos para ir al Maratón.

Dos semanas antes de que viajáramos, a él le informaron que tenía que hacer un adiestramiento en San Antonio por parte de la aerolínea de carga para la que trabajaba y no había forma de deslindarse de la misma, si no asistía, estaría firmando su salida de la empresa.

Yo entré en shock, ya no podríamos ir juntos a Europa y mis 6 meses de entrenamiento para el maratón se irían a la basura. Para completar la escena, Mexicana de Aviación® había entrado en huelga y aunque nuestros boletos eran de Aeroméxico®, todas las personas que querían viajar a Europa saturaron los vuelos y era prácticamente imposible poderse ir con un boleto sujeto a espacio.

Yo estaba muy triste, enojada, frustrada y un sinfín de emociones. Me tocaba junta de Gerentes en un hotel de la ciudad. Mis noches en CDMX las pasaba en casa de mis padres, la empresa únicamente cubría mis viáticos fuera de la Ciudad.

Recuerdo que antes de irme, mi hermana menor; me vio tan contrariada que me sugirió comprar un boleto directo a Berlín e ir a correr para lo que ya me había preparado tanto tiempo.

Sin duda entrenar de manera disciplinada por varios meses, hacer cambios en la alimentación, dejar de fumar, tomar muy poco alcohol (solo en ocasiones especiales), fueron cambios importantes que tuve que hacer.

Me parecía increíble que cuando contaba mi intención de correr fueron varias las personas que me dijeron que no lo lograría, que era imposible, que jamás había corrido y que ¿cómo pretendía terminar 42km corriendo? si nunca había corrido en mi vida. Tristemente algunas de esas personas eran "amigas".

Debo confesar que los detractores, lejos de hacerme claudicar y creer que realmente era una locura, me daban más fuerza para demostrar que estaban equivocados y yo era capaz de cumplir mi objetivo.

Llegué a la junta y debo reconocer que mi Regional fue de mis principales motivadores y seguidores del proceso del maratón. Lo primero que hizo al llegar fue preguntarme ¿cómo va el entrenamiento? Mi respuesta fue: mejor no preguntes, mi cara era de completa incertidumbre.

Más tarde pudimos platicar y le conté la situación, al igual que mi hermana me dijo que se solucionaba muy fácil, que comprara el boleto a Berlín, incluso me comentó que si quería llegar unos días antes él estaría en Frankfurt … No había manera de que yo me imaginara llegar antes para verme con él al otro lado del mundo. Pero el simple hecho de imaginarlo me puso muy nerviosa.

Me parece que esa misma noche fuimos a cenar todos los gerentes que estábamos a su cargo, éramos 10 incluyéndome. La mayoría eran más grandes que yo y por supuesto que él, nacimos el mismo año. Él tiene una gran capacidad de liderazgo y logra conectar con la mayoría de las personas. Ahora que lo pienso, también me reconozco esa capacidad.

Normalmente yo no le daba por su lado; si algo no me parecía, lo expresaba, ya sea en temas de trabajo o en cualquier otro tema que saliera a discusión en la mesa.

De repente una de las compañeras Gerentes se le ocurrió decir:

- ¡Ustedes serían la pareja perfecta!

Yo voltee a verla con una cara que expresaba claramente mi desaprobación a su comentario y únicamente dije:

- Estoy casada.

Y fingí una sonrisa.

Por supuesto hubo silencio incómodo en la mesa por unos segundos.

Además de eso, varios se sintieron con el derecho de opinar sobre si debería ir sola al maratón de Berlín o esperar a poder ir con mi marido. Alguno incluso comentó:

- ¿Te preparaste para correr un maratón, o para correr un maratón en Berlín?

Fueron meses divertidos, su estilo de dirigir me parecía innovador y disruptivo, normalmente tenía mucha cercanía con la fuerza de ventas y eso hacía que incrementara el compromiso de las personas.

Llegó la convención y yo no tenía idea que mi equipo iba en primer lugar. Resulta que me dieron un reconocimiento que no esperaba.

Tenía a mi cargo 7 representantes, 6 mujeres y 1 hombre. Tres de ellas con una personalidad predominantemente masculina y las otras tres el polo opuesto. Normalmente juntarlas era complejo, eran poco afines y entraban en conflicto con facilidad.

19 de febrero 2011, Querétaro, Qro.

Era sábado. Mi esposo y yo fuimos a una presa cercana a Juriquilla, él había comprado un Wave Runner y amaba esquiar. Yo empezaba a cansarme de los mismos planes todos los fines de semana.

Estaba en la orilla intentando leer un libro que justamente me había recomendado mi jefe y a la fecha lo tengo de adorno: "La rebelión de Atlas" de Ayn Rand. De repente recibí un mensaje suyo, era la primera vez que me escribía en fin de semana.

Simplemente me comentó que había un Congreso Internacional en Sao Paulo, Brasil y cómo yo iba en primer lugar de ventas tenía la oportunidad de ir.

- ¿Te interesaría ir?

Creo que no pasaron ni 10 segundos cuando ya había dicho que sí.

Sería del 30 de marzo al 3 de abril. En ningún momento me detuve en esperar a consultarlo con mi esposo que estaba arriba del WaveRunner.

Mi alma añoraba salir de la rutina y tenía el mejor pretexto.

Inmediatamente después me contó que quería conocer Iguazú. Estando hasta allá, era una gran oportunidad. En ese momento poco había escuchado del lugar. Me comentó que le había propuesto al Gerente de Markteting que fueran juntos, pero él no podría, tenía que quedarse en Sao Paulo posterior al congreso.

Me propuso que si quería acompañarlo; y de nuevo, sin pensarlo ni medio minuto, acepté.

En ese momento yo creía que tenía novia y además sabía perfecto que yo estaba casada.

Su siguiente mensaje fue:

- Te pregunto, porque probablemente te da miedo viajar con tu jefe. Tengo fama de ser violador, secuestrador y asesino.

Aunque sabía perfectamente que era una absoluta y absurda mentira y que lo hacía en forma de "broma", por dentro empecé a sentirme sumamente nerviosa.

Mi respuesta fue algo así:

- Jajaja, obvio no.

El ADN de mi RE-Evolución

Únicamente dejó pasar el domingo y el lunes comenzó a mandarme mensajes sobre tramitar mi visa a Brasil, sobre la posibilidad de ir a Rió de Janeiro, etc.

Uno de los mensajes que aumentó mi cortisol al 1,000% fue cuando me escribió que si no me importaba compartir habitación, él pagaba el hospedaje. Seguramente yo estaba trabajando en campo con alguno de mis representantes, leer sus mensajes me alteraban los nervios.

Por supuesto le contesté que no consideraba que ni a su novia, ni a mi esposo, les agradaría la idea.

Su respuesta fue:

- Ya terminé con ella.

Madreeeees ... Sí había comenzado a estar nerviosa, con ese mensaje mi mente empezó a crear una historia completa.

Pensé que estando allá se me lanzaría por completo, me sentía la peor de las peores, que ya había engañado a mi esposo sin siquiera haberme ido, etc.

Me sentía como niña chiquita, por un lado; con muchos deseos de ir y conocer, pero por el otro, sabía que me estaba poniendo de nuevo en riesgo. Empezaba a jugar con fuego.

Posterior a la historia con el ex militar/ mi también jefe. Me prometí, no volver a involucrarme con una postura de autoridad. Sabía que me gustaban los retos pero a él, no quería verlo como tal.

Fue tal mi nivel de estrés que pedí recomendación para iniciar proceso psicológico. Por supuesto me ayudó a darme cuenta que todos y cada uno de sus mensajes, eran un "juego"; que en ningún momento me estaba tirando directamente la onda y que simplemente reflexionara si quería ir o no.

Aún estaba a tiempo de desistir.

La mayor parte de mi vida me ha gustado cumplir con mi palabra. Pensaba que no había forma de echarme para atrás cuando incluso ya había comprado los boletos de avión de Sao Paulo – Iguazú y de Iguazú - Río de Janeiro.

Él quería quedarse en un hotel que le habían súper recomendado en Iguazú que la noche costaba más de 400 usd. Le dije que no había manera, que lo más que podía pagar serían 200 por noche y yo me di a la tarea de encontrar uno hotel dentro del presupuesto.

Fueron pasando los días, las semanas y aunque estaba "más tranquila" con la terapia, me seguía sintiendo muy ansiosa y con temor de que en el viaje pasara algo de lo que me pudiera arrepentir.

Un día antes del vuelo, de sus últimos mensajes sugestivos fue:

- Recuerda que mañana es mi cumpleaños.

Nunca supe su verdadero objetivo en enviarme esos mensajes. Si quiso generar la expectativa que en el viaje intentaría que pasara algo, lo logró.

Llegó el día, 30 de marzo del 2011. Recuerdo que dediqué una cantidad de horas importantes para seleccionar mi ropa, zapatos, accesorios, etc. quería lucir bien, era la primera vez que asistía a un Congreso Internacional.

Incluso fui a que me cortaran y alaciaran el cabello (cosa que casi no hago). Mi cabello es chino y lo amo; el problema es que para viajar si lo dejo suelto tiende a esponjarse demasiado y amarrado es muy incómodo para dormir.

El ADN de mi RE-Evolución

Horas antes del vuelo, de nuevo recibí un mensaje suyo:

- Ya hice el web check in, quedé en el asiento "28A" el siguiente, está disponible.

Tenía dos opciones:

1. Ignorar su sugerencia de sentarme junto a él.
2. Seguir "demostrando" que no me daba miedo ni nervios estar a su lado.

Seguramente ya sabes que opción tomé.

Hice el check in y elegí el asiendo a su lado.

Con pocas personas en mi vida he tenido la capacidad de platicar tanto y de tantas cosas, cada que nos veíamos, podíamos pasar horas y horas hablando de todo y de nada a la vez. Se percibía una fuerte complicidad y una conexión inexplicable. Al menos así lo creía yo.

En este momento me viene a la mente la única ocasión que fue a trabajar conmigo a Querétaro. Yo ya era Gerente, él se hospedaba en el Holiday Inn® de 5 de febrero y me pidió que ahí nos reuniéramos para desayunar.

La idea era que me mostrara varios archivos, analizáramos cómo estaba mi territorio y en general que me diera coaching.

Recuerdo que llegué, desayunamos, platicamos temas fuera del trabajo, tal vez pasaron 3 horas y yo no veía cuando empezaríamos a trabajar. Era justo el mundial de Sudáfrica y juagaba Uruguay probablemente contra México o el mismo Sudáfrica, no recuerdo bien.

Lo que sí recuerdo es que previo al partido tal vez trabajamos a lo mucho 1 hora.

De repente me preguntó:

- Obvio tu esposo ¡ya te llevó a volar!

- Mmm nop, la aerolínea donde trabaja, es de carga.

- ¡Qué codo! podría haber alquilado una hora de avioneta.

Y otro de esos comentarios que aún recuerdo con mucho detalle:

- ¡Dile que si no te lleva al cielo, te llevo yo!

Seguramente me puse de todos colores, no sabía que decir.

Considero que soy muy buena para evadir comentarios sugestivos, en doble sentido o hacer cómo que no escuché, en esta ocasión sólo se me ocurrió decir:

- ¿¿¿Cómo crees que le voy a decir eso???.

Por dentro tuve un cocktail de emociones, mi mente no lograba descifrar que quería decirme con ese comentario y aunque seguramente me puse roja de vergüenza, aparentaba estar en "control".

Regreso al vuelo de CDMX a Sao Paulo, Brasil. En realidad se me hizo corto, platicamos seguramente más de la mitad del tiempo.

Por mi parte, únicamente dos personas sabían del plan. Una de ellas mi hermana menor, estaba viviendo en Barcelona pero aún así me dijo que sería mi contacto con la realidad, la otra, era una muy buena amiga de la misma empresa.

Llegamos en la mañana al hotel, el congreso y el hospedaje serían en el mismo lugar, el Hotel Hilton® de Sao Paulo.

El ADN de mi RE-Evolución

Lo poco que alcancé a ver de la ciudad del traslado aeropuerto-hotel es que era una ciudad como cualquier otra, bastante gris y llena de automóviles, fábricas, edificios altos, me pareció que no tenía mucho encanto.

Mi habitación estaba en uno de los pisos más altos, el cuarto era bastante amplio y cómodo.

Al tocar territorio Brasileño mi jefe puso una barrera enorme. Lo empecé a sentir indiferente, frío, distante. En verdad no entendía nada, estaba jugando un juego dónde las reglas eran absurdas y confusas.

Teníamos una cena con médicos y él no aparecía, el Gerente de MKT estaba furioso, me preguntó por él cómo si yo supiera todos y cada uno de sus movimientos, resulta que una noche antes se había desvelado con una "amiga brasileña" y se había quedado dormido. Logró alcanzarnos tarde y seguía sin ponerme nada de atención.

Yo empezaba a convivir con los médicos del congreso, en la cena había tomado una cantidad importante de vino tinto. Regresamos al Hotel y quisieron continuar la fiesta en el bar. No recuerdo quién me dijo que era momento de probar las caipiriñas, es la clásica bebida de Brasil con cachaça, un aguardiente súper fuerte que puede llegar a tener 51° de alcohol, le agregan limón y mucha azúcar.

Todavía tengo la escena presente de mi jefe recitando un poema español bastante largo. Fue ovacionado y después de eso, desapareció. Dentro de los médicos que estaban en el grupo, había uno que meses atrás que nos impartió una capacitación, un anestesiólogo de Querétaro, de los hombres que desde que lo vi llegar, me encantó. Tenía un cuerpo súper atlético y era muy varonil.

Nos acompañó a fumar a una doctora amiga suya y a mí. Entre el vino tinto, la chingada caipiriña y el cigarro; me sentí fatal. Llegué a mi cuarto cómo pude y caí rendida en la cama.

A las pocas horas sonó mi despertador para arreglarme, bajar a desayunar y estar en el congreso. Yo no podía ni con mi alma, todo me daba vueltas y me sentía con asco y mareo. Decidí evitar el desayuno y volver a dormir un poco más.

Se me terminaba el tiempo, necesitaba alistarme para estar en las conferencias del día. Me "arreglé" y tomé el elevador. Se fue parando en muchos de los pisos, yo no veía la hora de llegar al lobby, me sentía fataaaal y podría vomitar en cualquier momento.

Afortunadamente alcancé a llegar al baño y por supuesto, saqué todo lo que traía adentro. Ahora que lo escribo, me parece que no solamente fue el alcohol lo que me hizo ponerme tan mal, llevaba mes y medio de estrés intenso y se puede decir que entraba un poco en relajación.

Evidentemente de las pláticas no recuerdo ni media palabra. Ese día me puse un vestido beige estilo safari con botones al frente y cinturón. Usé los zapatos rojos con los que me había casado y cuando mi jefe me vio, simplemente dijo:

-    ¡Qué padres están tus zapatos!

Tenía el don de hacer halagos sutiles.

Cuando le conté mi odisea del elevador, no paró de hacerme burla.

Pasó el congreso sin mayor novedad más que mi jefe cada noche se iba de escapada con su "amiga".

El ADN de mi RE-Evolución

El último día tuvimos la mitad del día libre. Me fui junto con el médico Anestesiólogo y dos o tres personas más a conocer un poco de Sao Paulo, recuerdo haberla pasado muy bien.

Regresamos al hotel, el doctor en algún momento se ofreció regresar ropa mía para que no tuviera que cargarla el resto del viaje. Era una realidad que ya no usaría todo lo que me había puesto en el congreso. Le tomé la palabra y fui a dejarle mis cosas a su cuarto, por un segundo sentí que podía detenerme y me imaginé teniendo una aventura con él, no sucedió ... Al menos, no ese día.

Regresé a mi cuarto y me cambié en 5 minutos para la última cena del Congreso.

Nos llevaron a un lugar espectacular, Figueira un restaurante con un árbol de higuera inmenso. Me puse un vestido negro un poco escotado y de nuevo mis zapatos rojos que completaban el outfit. El Anestesiólogo me dijo que me veía muy guapa, seguramente otros doctores también me dijeron algo. Sinceramente, no hacían diferencia.

Curioso, pero en esa época todavía se usaba llevar cámara fotográfica, mi celular era una BlackBerry y si tenía la función de fotos, seguramente salían de muy mala calidad.

En uno de los momentos en que fui al baño mi cámara desapareció, hablé con el gerente, movieron todo y mi cámara nunca apareció. Algunos de los médicos con los que tenía contacto sabían que después de ahí me iría a Iguazú y Rió de Janeiro, a todos les había dicho que iría sola, incluso uno muy amable ofreció en prestarme su cámara. Yo me negué, por un lado no quería tener la responsabilidad de cuidar una cámara ajena y por otro, sabía que mi jefe llevaba, así que él sería el fotógrafo oficial.

De nuevo esa noche, mi jefe se quedó en el restaurante, su "amiga sospechosa" iría por él. Recuerdo sentir que se me volteaba el estómago, en ese momento no lo sabía, pero ya había logrado ponerme celosa.

Teníamos que estar a las 4am en el lobby para ir al aeropuerto, probablemente el vuelo salía a las 6am. Le recordé que él tenía toda la información de los vuelos, había confiado en que reservara prácticamente todo, yo no tenía la información y eso me estresaba. Me dijo que no me preocupara, que ahí estaría.

Confieso haber dormido intranquila, ¿y si no aparecía?, ¿qué iba hacer?, no tenía idea ni de la aerolínea, ni del número de vuelo, nada.

Bajé al lobby y ahí estaba, el taxi nos esperaba.

Ahora sí éramos él y yo, y "nadie más".

Llegamos a Iguazú, nos tocó un taxista muy amable y me parece que hablaba español. El check in del hotel era a partir de las 13hrs y probablemente eran las 10am.

Fuimos directo al Parque Nacional de Iguazú, tuve que cambiarme en un pequeño baño por que el calor estaba intenso. Al salir me dijo otro halago lindo:

- ¡Pareces una Barbie!, por todos los cambios de vestuario que haces.

Por supuesto un año atrás le había contado que era de mis juegos favoritos, vestir y desvestir a mis Barbie´s, inventarles vestidos y peinados. En fin, fue muy inteligente a la hora de utilizar la información que yo le había dado.

El ADN de mi RE-Evolución

Iniciamos el recorrido desde la parte brasileña que es a nivel de la tierra, yo estaba sorprendida de la majestuosidad de la naturaleza, había mariposas de muchos tipos y colores, caídas de agua por todos lados, coatíes, etc., a donde volteara, había algo bello que admirar.

Tomamos una lancha que te acerca a una parte de las cataratas y da un recorrido espectacular. El taxista nos esperaba afuera con nuestras maletas. Afortunadamente seguía ahí cuando salimos. Fuimos al hotel que yo había reservado.

Más romántico, no podía estar. Irónicamente el bellboy que nos ayudó con las maletas se llamaba igual que mi marido ¿casualidad?, no lo creo.

Cada quien se fue a su cuarto a cambiar y nos vimos en la alberca. Me parece que pedimos algo de tomar y botana, él se quedó súper dormido en uno de los camastros, sin duda, casi no había dormido en los últimos días.

Dentro de la alberca hubo una distancia de más de dos metros. Yo seguía sin entender, ¿todos sus mensajes previos al viaje?, ¿sus indirectas?, ¿sus comentarios atrevidos? Y ahora, ¿completa distancia física?, no entendía nada.

De nuevo cada quien regresó a su cuarto y quedamos para cenar. Me encantó que sabía de vinos y pidió uno que mencionó era de sus favoritos: Luiggi Bosca. A veces me encabrona acordarme de ese tipo de detalles.

Platicamos de mil y un cosas, unas profundas, otras no tanto. Llegó el momento de dormir, al otro día iríamos muy temprano al lado argentino de las cataratas para salir corriendo al aeropuerto y volar a Río de Janeiro.

Quiero hacer una pausa en la narración, desde hace diez años fantasee con la idea que algún día mi historia sea llevada al cine, incluso pensé en que los actores fuéramos los personajes reales, ya sé, ¡de nuevo suena a locura!, me gusta imaginar y pensar fuera de la caja. Bien dicen que ningún cuerdo ha logrado cambiar al mundo.

Continúo con mi relato.

Cruzamos la frontera de Brasil y entramos a territorio Argentino. Yo casi no usaba mi teléfono, normalmente me gusta estar en dónde estoy y conectar con el lugar y las personas que tengo enfrente antes que conectar con los que están lejos.

Él continuamente revisaba su celular y escribía mensajes, yo hacía como que no me importaba.

Las cataratas del lado Argentino tienen la perspectiva desde arriba y es otra experiencia completamente diferente. Nos subimos a un camioncito con una pareja curiosamente de Oaxaca, cómo normalmente tengo la fortuna de conocer personas de muchos lugares, no quise interactuar demasiado; casi siempre logro encontrar personas en común. Era un hecho que al vernos juntos, asumían que éramos pareja y estar explicando lo contrario, no tenía sentido.

La pareja de mexicanos nos empezaron hacer plática, hablaron de las tlayudas y él mencionó que si las había comido, yo, no lo recordaba, así que dije que no las había comido. Fue muy chistoso el comentario de la mujer:

-   Si ya la trajiste hasta acá, ¡tienes que llevarla a Oaxaca!

Yo solo sonreí un poco por compromiso, pero decidí no continuar con la plática.

El ADN de mi RE-Evolución

Para llegar a uno de los lugares más destacados dentro de las cataratas hay que tomar un tren, necesitábamos apresurar el paso, ya nos quedaba poco tiempo antes de la salida al aeropuerto.

Llegamos al lugar que tiene por nombre: "La garganta del diablo" es la caída de agua más majestuosa e impresionante, de hasta 80 metros de altura que se centra en una angosta garganta, se dice que es el lugar donde se concentra el mayor caudal de todas las cataratas, y además (dato de wikipedia) las cataratas de mayor caudal del mundo.

Me quedé completamente hipnotizada por la caída del agua, mi mente no lograba procesar lo que estaba viendo, el poder, la fuerza del agua y la energía que se sentía es ese lugar es indescriptible. Recuerdo que simplemente pude decir:

- Si Dios existe, ¡me queda claro que está aquí!.

Él me dejaba ser, que apreciara y disfrutara a mi tiempo y ritmo. Normalmente permanecía a distancia. Una escena hermosa que presencié fue ver a 3 religiosas riendo y disfrutando del agua que las mojaba, era extraño que en un lugar llamado "La garganta del diablo" se sintiera tan clara la presencia de Dios.

Le dije a él que deseaba tomarme una foto con estas tres felices mujeres, no quería llegar y sólo decirles ¿me puedo tomar una foto? Se me hacía una falta de respeto. Mi estrategia fue acercarme y preguntarles:

- ¿De dónde son?

- De Ecuador, ¿y tú?

Me preguntó una de ellas.

- De México

Platicamos un poco de la increíble experiencia de estar ahí y lo afortunadas y bendecidas que éramos de poder disfrutar de un lugar tan espectacular.

Ya me sentía con confianza de pedirles una foto y accedieron con gozo y alegría. Yo sentía que estaba en otra dimensión, dónde el tiempo y espacio no existen. Con una conexión espiritual que hace mucho no experimentaba.

Nos tomamos la foto y al despedirme, una de ellas tomó mis manos y me dijo:

- ¡Encomiéndanos mucho cuando vayas a la Basílica de Guadalupe!

Yo traía lentes oscuros, pero los ojos se me llenaron de lágrimas, su comentario me conmovió muchísimo.

Era momento de irnos, de repente voltee la mirada y vi una pareja de médicos conocidos, los visitaba una de mis representantes en Morelia. Fue inevitable saludarlos e intercambiar algunas apreciaciones sobre el lugar. Evidentemente se dieron cuenta que iba acompañada de mi jefe.

Por segundos me sentí fatal, me habían "cachado", era culpable, era una realidad que mi representante se enteraría que viajábamos juntos, el chisme se correría rápidamente y si ya era evidente que yo era su favorita; no tardarían en correrse otro tipo de rumores. Estaba con todos esos supuestos en la cabeza, cuando se me ocurrió decir para intentar tranquilizarme:

- ¡Que digan lo que quieran, finalmente no estamos haciendo nada malo!

A lo que él contestó:

- Si claro, estás en Iguazú, viajando sola con tu jefe y estás casada.

Mi cara seguramente fue poco amable, no ayudaba en nada sus comentarios a calmar mis nervios.

5 Junio 2021, San Miguel de Allende, Gto.

Acabo de instalarme para escribir en un pequeño hotel/hostal que tiene desayunos al público. Hoy decidí salir de la cabaña, ya me había fastidiado un poco estar aislada, sin contacto social y con el mismo panorama por varios días.

Casi me da un infarto al abrir mi archivo y ver 34 páginas en vez las que recordaba haber escrito. No es que olvide mi propia historia, simplemente serían horas y horas perdidas.

Afortunadamente logré recuperar el archivo completo.

El que atiende el hostal es un hombre extranjero, no logro identificar de dónde es. Súper amable y con mucha disposición de servicio. Ahora mi reto, será poderme concentrar con todos los estímulos externos.

Continuaré justo dónde me quedé ayer.

Bueno … Después de desayunar los chilaquiles verdes con huevo estrellado encima que acaban de llegar huelen delicioso y no quiero esperar para comerlos …

… Por si tenían duda, estaban exquisitos.

Me quedé en que acabábamos de encontrarnos con una pareja de médicos conocidos y mi jefe en vez de tranquilizarme; me estresó más.

Ni hablar, ya no había nada que hacer. Había tomado el riesgo y en muchas ocasiones de mi vida me han gustado las experiencias que me generan adrenalina.

Después de día y medio; teníamos que despedirnos de Iguazú. Aparentemente había sido "poco" tiempo pero allá transcurría de una forma diferente.

Era 4 de abril cuando volamos a Río de Janeiro.

Es un lugar que se destaca por la música, la alegría, sus bailes y su carnaval es reconocido en todo el mundo. También se sabe que es una ciudad de muchos contrastes, por un lado Ipanema, una zona residencial y dónde se ven casas y autos de lujo y por el otro lado; las favelas donde existe una pobreza insostenible, drogas, un alto índice de violencia, bajos niveles de educación y por supuesto, crimen organizado.

Normalmente cuando viajo evito ver fotos de los lugares a visitar, me encanta dejarme sorprender, tener poca información del lugar e irlo descubriendo poco a poco. Mi estilo de viajar se ha ido modificando con los años. Así cómo puedo llevar una lista de lugares, museos y restaurantes por conocer, también puedo darme permiso de viajar sin expectativa, dejándome llevar por el propio ritmo del lugar y entregándome a lo que la experiencia me tenga preparada.

En esta ocasión decidí no hacer planes, normalmente con mi esposo yo era la que siempre elegía los lugares a visitar, el hospedaje y en muchas ocasiones; dónde comer.

Sentir que podía soltar el control y dejarme llevar; fue una sensación que disfruté mucho.

Necesito regresar un poco en el tiempo, el 7 de marzo del mismo año, había cumplido 2 años de casada. Cómo en ese momento yo tenía estabilidad laboral y buen nivel de ingresos, logré obtener un crédito para comprar el terreno en un fraccionamiento muy nice de Juriquilla, dónde ya vivía mi cuñada con su marido y estaban por recibir a su primera hija. El comprar un terreno ahí y construir, era el sueño de mi marido.

Aún no se por qué, pero nunca llegué a sentir que Querétaro fuera mi lugar. El primer año de matrimonio viajaba una semana y la otra estaba en casa. Hice amigas muy superficiales, compañeras de otros laboratorios y las personas con las que más convivía eran familiares políticos.

Pocas veces visitamos a mis padres en Ciudad de México, más bien ellos fueron a visitarnos. Por cierto, era bastante caótico, decidían quedarse con nosotros en el departamento tipo loft que rentábamos.

Me parece que no he contado que mi ex tenía un tema; podría decir que casi obsesivo, con el orden y la limpieza. Todos y cada uno de los días barría, sacudía y trapeaba y digo que él lo hacía porque la primera vez que me vio haciéndolo, se le ocurrió decir que no lo hacía bien, fue suficiente motivo para que dejara de hacerlo.

De las cosas que más me enojaban de mi madre; por supuesto lo sigue haciendo, es hablar de todo lo que pasa en mi vida. Ahora, he aceptado que ella decidió vivir a través de sus hijas y ahora sus nietos, intento dejar de juzgarla y dejar de pelearme con eso.

En alguna de nuestras conversaciones profundas me confesó que cuando era joven no quería casarse ni tener hijos, después de mucho tiempo me di cuenta que somos bastante parecidas, ella también es un alma libre que no quiso tomar el riesgo de lanzarse hacer una vida fuera del matrimonio.

Todavía en su época era mal visto estar soltera y sin hijos. La presión social era más fuerte y ella terminó cediendo a la misma.

Regresando a mi relación matrimonial, estaba siendo un fiasco, el último mes antes del viaje me parece que sólo nos vimos un fin de semana, entre mis múltiples viajes por trabajo y sus vuelos y estancias en otros lugares, no habíamos coincidido casi nada. Una de las veces que me encabroné fue cuando él me parece que estaba en Chihuahua y había subido unas fotos a Facebook®, era bastante fan de publicar muchas cosas.

Resulta que se le ocurrió decirme:

- ¿No viste mi publicación en facebook®?

Puede ser una tontería, pero yo no podía creer que me tuviera que enterar de la vida de mi esposo por una estúpida red social. Los días previos a que yo me fuera a Brasil, me sentía completamente desconectada de él.

Nuestras pláticas casi siempre eran superficiales, para él lo más importante era esquiar, andar en moto o cualquier otra cosa que involucrara actividad física, si bien al principio yo también lo disfrutaba, cuando estábamos solos no teníamos demasiadas cosas de que platicar.

Un detalle íntimo es que yo fui la primera mujer en su vida sexual, desconozco si otras mujeres se podrían sentir halagadas con esa situación y tampoco es que yo ya tuviera toooda la experiencia del mundo, sin embargo; nuestra intimidad cayó muy pronto en la monotonía y a veces sentía que era demasiado tierno y yo deseaba alguien más apasionado.

En la parte más profunda de mí, cuando empezó el viaje a Brasil sabía que mi matrimonio no estaba funcionando y no recuerdo en qué momento del viaje le dije a mi jefe que el viaje que teníamos planeado mi marido y yo a Europa; sería nuestro viaje de despedida.

Ya sé, probablemente te pueda estar confundiendo con mi relato, en la medida que avanzo recuerdo detalles importantes y tengo que regresar un poco, espero que eso no sea incómodo al leerlo.

Me situó de nuevo en Río. Era inevitable comparar a mi esposo, con mi jefe. En cosas tan simples como tomar taxi en los traslados, no escatimaba en el vino o en las entradas a los sitios de interés, etc. Obvio yo absorbería el 50% de todos los gastos, pero en muchas ocasiones, él pagaba y simplemente lo iba anotando, nunca tuve el desglose para saber si realmente me cobró todo lo que gastamos.

Llegamos al hotel, estábamos en Copacabana; igual que en La Paz BCS, todos los hoteles están cruzando la calle, la playa está completamente abierta y es de todos, me parece que eso debería pasar en todos los lugares del mundo.

Nuestras números de habitación eran prácticamente los mismos, la única diferencia es que yo estaba en el piso 12 y el en el 11.

Nos cambiamos y salimos a caminar. En esa ocasión decidí ponerme un bikini rosa y encima un vestido blanco de tela delgada y un tanto transparente. Mi cuerpo normalmente siempre ha sido delgado, sin embargo fui de las niñas que para entrar a la alberca se quitaban lo más rápido posible la ropa que traían encima y se aventaban de clavado para evitar las miradas, caminar en traje de baño alrededor de la alberca o ponerme asolear sabiendo que los demás podían estar observando, era algo que evitaba lo más posible.

Ese día me sentí observada pero creo que disfrutaba el saber que podía provocarlo un poco. Caminamos sobre la playa, nos sentamos a tomar unas cervezas y de nuevo salía a la plática su eterna enamorada, sí, de la que me contó cuando empecé a trabajar a su cargo.

Me costaba mucho entender cómo seguía recordándola, adicional me contó de otra mujer que le parecía atractiva, que por supuesto también conocía. Entre esas dos historias y su intercambio de mensajes con quien sabe quién, ya me había hartado.

Es un hecho que cuando estoy enojada se me nota de inmediato. Por supuesto se dio cuenta y me dijo:

- ¿Qué tienes, estás muy seria?

Por supuesto no iba a decirle que era lo que me tenía tan incómoda, en lugar de eso contesté:

- Creo que es porque ya tengo mucha hambre, cuando pasa eso me empiezo a poner de muy mal humor.

¡Si cómo no!, fue mi manera de salirme por la tangente.

No iba a confesar que me sentía celosa, que estaba cansada que me platicara de sus historias con mujeres, que empezaba a sentir algo por él y que ni siquiera podía reconocerlo.

En realidad, no tenía ninguna razón lógica para enojarme. No éramos nada, toda la película que me había pasado en la cabeza de cómo se me lanzaría y yo le daría mi discurso preestablecido de que estaba casada, que era mi jefe y que no era posible, parecía no tener ningún sentido.

Acabo de recordar otro detalle, en el taxi saliendo de la garganta del diablo me confesó que nadie de su familia sabía que estaba viajando con él, tal vez su hermana, no estoy segura. Al parecer eran muy religiosos y dijo una frase parecida a la siguiente:

- No es correcto que viaje con la mujer de otro hombre.

Lo sentí como balde de agua fría. Por un lado su creencia religiosa le decía que estaba mal lo que estaba haciendo, pero al parecer su personalidad de tentar lo prohibido, le llevaba hacer lo contrario.

Nos sentamos a comer en un lugar sencillo y ahí salió una coincidencia que me pareció muy significativa, resulta que le conté de un sacerdote argentino que me parece de los pocos religiosos que tiene el don de conectar de manera real y auténtica con los feligreses, yo fui criada en una familia católica, me bautizaron, hice la presentación de tres años (a la fecha, no tengo idea para que sirva), la primera comunión, la confirmación y luego, me había casado por la iglesia. Había estado 3 años en una preparatoria salesiana y había participado en las Misiones a Oaxaca donde convives con comunidades de muy bajos recursos.

Mis abuelitos Elvira y Pascual eran muy devotos, normalmente íbamos a misa los domingos e incluso yo participé varios años en un coro de Ex Alumnos de la preparatoria, dónde precisamente oficiaba las misas ese padre.

Resulta que él y su familia lo conocían perfectamente; incluso, lo invitaban a comer con cierta frecuencia a su casa y eran cercanos. Era sorprendente descubrir ese tipo de "casualidades". Hasta ese momento él pensaba que yo era cero religiosa y le sorprendió mucho saber que también tenía mi parte espiritual. Para ese momento, todavía bastante escondida y poco desarrollada.

Uno de los detalles tontos que recuerdo es que algún bromista que estuvo en ese lugar decidió echar la sal en la azucarera y al llegar la hora del café fue una experiencia muy desagradable.

Me gustaba mucho que podíamos disfrutar del café y el vino.

Caminando nos encontramos con un mercadito donde me compré un juego de aretes con pulsera que todavía conservo y un vestido (salida de playa) amarillo con otros colores, fue raro que quisiera comprarme algo tan "llamativo", normalmente elegía colores mucho más neutros y menos vistosos.

Al otro día fuimos al Pan de Azúcar, uno de los must a conocer. La vista era espectacular, literal cómo en la película Río que salió meses después, ves planear a las aves de una forma casi hipnótica. Me sentía como en otra dimensión y me dedicaba a disfrutar el aquí y el ahora … Bueno, casi al 100%, seguía lidiando con verlo clavado en su celular mandando y recibiendo mensajes.

A la fecha me molesta mucho cuando estoy con personas que prefieren ver el celular antes que disfrutar de lo que tienen enfrente.

Regreso a tiempo presente.

Dejé, con un poco de temor la computadora en la cajuela, curiosamente y gracias a Dios y mis angelitos, nunca he tenido un asalto en la Ciudad de México. Las dos ocasiones que he sido víctima de robo, la primera fue en Celaya y la segunda en Querétaro. Ambas me abrieron la cajuela y en una de ellas se llevaron mi computadora, en esa ocasión era el equipo de la empresa, ahora es la mía y en la que tengo este escrito.

En fin, me fui caminando con la backpack que mi sobrina Prisy me ha prestado en varias ocasiones para viajar. De repente me sentía un poco rara caminando por las calles de San Miguel, la mayoría de personas iban en pareja, familia, grupos de amigos, etc. Normalmente no me pasa eso y disfruto de andar sola.

El ADN de mi RE-Evolución

Hoy en la mañana tuve un pequeño presentimiento que me encontraría con alguien, no tenía idea de quién podría ser, sin embargo llegó un momento en que me olvidé de ese pensamiento.

Había entrado en algunas tiendas, me encanta ver la creatividad convertida en joyería, cuadros, vasijas, ropa, bolsas, zapatos, esculturas, tallados en madera, lámparas, etc. San Miguel se pinta de colores y los corazones de metal y madera pintados abundan en las tiendas.

Conocí a una chica llamada Valeria en una tienda de antigüedades, me declaro fan de los objetos con historia. Resulta que esta chica es originaria de San Miguel, uno de los cuadros antiguos que llamaron mi atención fue una representación de la Virgen de los Dolores; investigando, varias mujeres en mi linaje llevaron ese nombre una de mis primas hermanas se llama Helena Dolores, mi tía, hermana de mi madre se llama Elena Dolores, mi bisabuela (madre de mi abuelo Alejandro Garmendia) se llamó Dolores Fuentes, y todavía más arriba existieron otras mujeres de nombre Dolores.

La imagen de esa Virgen cómo su nombre lo dice, es de mucho dolor. Conozco casi nada de su historia, justo hoy leí una pequeña frase que decía que un puñal la atravesaría para liberar el deseo de los corazones que se encontraran a su alrededor.

Considero que tengo varios dones, uno de ellos es lograr que las personas me cuenten cosas sin necesidad de preguntarles demasiado. Ese fue el caso de Valeria, me contó de varias festividades importantes, resulta que en semana santa varias familias que conservan la tradición de la Virgen de los Dolores, abren las puertas de su casa para que puedas apreciar su altar y te regalan desde dulces, paletas heladas, conservas y/o aguas de sabores.

También me contó de la gran festividad que se hace para el maíz, al parecer de San Antonio y una que me llamó mucho la atención y coincide con el día del padre, es el "Desfile de los locos". Me encanta conocer personas que se apasionen por el lugar donde viven y transmitan su deseo de dar a conocer las tradiciones. También me habló de un día en que a las 3am durante casi una hora se lanzan fuegos artificiales, ya no recuerdo que día era, lo investigaré.

A pesar de ver mil y un cosas que me gustan, he aprendido a comprar menos, probablemente porque los últimos años mis ingresos han sido bastante inferiores a los que llegué a tener, en paralelo ha incrementado mi libertad y capacidad de disfrute.

Ganar mucho dinero nos da la libertad de comprar lo que queramos; sin embargo, he adoptado una frase que me parece muy sabia: "No es feliz el que más tiene, sino el que menos necesita". Llegamos a este mundo sin nada y de la misma forma nos vamos. Todo, absolutamente todo, es finito, incluyendo nuestro cuerpo.

Lo que no tiene principio ni fin es nuestro espíritu, aunque dejemos este cuerpo, el espíritu permanece.

De nuevo empiezo a divagar un poco, son las 11:11 de la noche, la hora de los Ángeles, o al menos es lo que he querido creer.

Retomo mi presentimiento de encontrarme con alguien.

Acababa de llegar al centro de San Miguel, justo dónde está la Catedral y el lugar donde se concentra una cantidad importante de personas que visitan el lugar, caminaba sin cubre bocas (es algo que alucino y sólo lo uso cuando es obligatorio) sentí una mirada, volteo a la derecha, hago contacto visual con una mujer que me parece muy familiar y en pocos segundos termino de reconocerla: era la madre de mi mejor amigo de la universidad, creo que he evitado hablar de él en mi relato, posiblemente sea lo mejor.

Ella me reconoce, me acerco y de inmediato me presenta con las dos personas con las que estaba sentada en el restaurante, una amiga y su hijo. Me invitan a sentarme y tomar algo con ellos. Ya habían pedido de comer pero yo todavía no tenía hambre.

Fue muy grato encontrarla, su hijo me había comentado hace un par de meses que su madre se había venido a vivir acá pero no lo tenía en el radar. Él no me dice Selene, me dice Selenita, nos conocemos desde hace más de 20 años y es de las pocas personas de esa época con las que sigo en contacto.

Su madre y yo recordamos la última vez que nos vimos. Había sido en la obra de teatro en la que actuaba su hija. La obra tenía un tema súper fuerte, representaban historias reales de mujeres víctima de trata. Me impactó lo bien que actúa su hermana.

En otra ocasión que nos llegamos a ver fue cuando nos acompañó en 2017 al Instituto Don Bosco, la preparatoria en la que estudié. Su hijo y yo nos habíamos reencontrado después de muchos años. Por supuesto le conté todo lo que había vivido y de mi proyecto personal más entrañable: Sueño de Sueños. Recuerdo que fue la primera persona que me dijo, ¿y luego?, ¿qué has hecho?, basta de planearlo, necesitas acción.

Confieso que fue una pieza súper importante para que me lanzara a dar los primeros pasos. Me puse en contacto con la Coordinadora Académica del IDB y le pedí nos dejara dar una plática.

De inicio estaba por llevarse a cabo una feria de Universidades o algo así, finalmente nos dieron 2 espacios para compartir con chicos de prepa, él contactó a un coach que fue a dar una plática y terminó dando ambas porque el siguiente invitado venía de Toluca no logró llegar.

La ocasión que su madre nos acompañó fue posterior, cuando su hijo diseñó un taller vivencial para los más de 100 maestros de mismo Instituto. Fue una experiencia increíble, yo me encargué de la organización y logística, él impartió la sesión. En esa ocasión también nos acompañó su esposa. Estuvo apoyándonos en la parte técnica.

Ellos dos días antes, lograron que personas con discapacidad visual nos acompañaran, formaban parte de la dinámica central. Después de sensibilizar a los maestros y recordarles la importante y trascendente labor que desempeñan al estar frente a los alumnos; les recordó la relevancia de dejar en huella de inspiración y lograr aceptarlos tal cual son.

Se formaron equipos de 10 maestros aproximadamente y se les pidió que hicieran un círculo con los ojos cerrados, poco a poco fueron entrando las personas débiles visuales y colocamos uno al centro de cada equipo.

El objetivo era que les enseñaran cuáles eran los colores primarios y cómo identificarlos. Era impresionante ver cómo los maestros hacían uso de todos los recursos que conocían y que muchos de ellos se sentían frustrados y poco capacitados para lograr la encomienda.

Escuchar la retroalimentación de los maestros fue súper emotivo y varios de ellos se les llegó a quebrar la voz, yo me había conmovido desde horas atrás que quedamos de verlos en la salida del metro más cercano, ahí fue el punto de encuentro para llevarlos a la misión.

Debo confesar que verlo arriba del escenario, hablando con tanta seguridad y fluidez, con tanta capacidad de motivar a los demás, me conmovió muchísimo. Si ya contaba con mi admiración y respeto, sin duda aumentó.

Olvidé otro detalle importante, ese día invité a Tita, mi súper maestra de la primaria. De esas mujeres que tienen el don de tocar vidas y corazones, mi idea es que al final pudiera hacerle un pequeño reconocimiento y hablar de cómo un maestro que se ocupa de aceptar y querer a sus alumnos como son, comprometiéndose con dejar huella en sus vidas, puede trascender por muchos años, ya no me lo permitieron. Cómo Tita no pertenece al IDB, hacerle un reconocimiento a una maestra externa no le hizo sentido a la Dirección.

Finalmente ahí estuvo y pude entregarle un pequeño obsequio que le había preparado.

De nuevo ... Ya me salí por la tangente. Regreso a mi encuentro con su madre en San Miguel.

Posterior a que los acompañé a comer, seguí un rato caminando con ellos, entramos a varias tiendas y visitamos algunas iglesias y templos, varios de ellos cerrados. Su amiga súper bella me invitó el agua mineral y unos churros de la churrería de Margarita Agralia que son súper famosos aquí.

La madre de mi amigo muy linda me dejó en un restaurante que me recomendó ampliamente, me comí una rica torta de mole con pollo.

Salí de ahí y decidí emprender el regreso al coche, ya me sentía un poco cansada. En el inter me llamó la atención unas figuras de barro o cerámica pintadas a mano, la chica que las vendía me ofreció un descuento para un Búho que me encantó, le dije que ya no tenía efectivo, el cajero de mi banco estaba un poco lejos y me daba pereza caminar hasta allá. De repente la Hostess del restaurante ofreció que le hiciera una transferencia y ella le daba el efectivo. Finalmente compré mi hermoso Búho que además tiene una media luna y 7 estrellas en la cabeza, ahora me acompaña en esta hermosa misión de dejar por escrito mi frágil y fugaz vida como Selene Elvira Serrano Garmendia.

El ADN de mi RE-Evolución

6 del 6 del 2021, San Miguel de Allende, Gto.

De nuevo me dieron las 12am escribiendo, me acompaña un playlist llamado Jazz Romance, mi Búho de reciente adquisición y tal vez la tercera copa de vino.

Me faltó mencionar que una persona de las que conocí hoy, estudió cinematografía. Es un chico bastante joven, su madre está muy preocupada que en México es una carrera difícil para encontrar trabajo y que ha tenido que dedicarse hacer videos corporativos y dedicar tiempo a proyectos que en muchos de los casos no le han pagado.

Se me ocurrió contar que había soñado con que mi historia llegara a la pantalla grande y él dijo que se podría adaptar para guión. Sonrío cada que lo pienso.

Sinceramente suelto por completo el control de mí historia. Ayer vi la versión corta de la TedTalk de Ethan Hawke que amé. Dice que el mundo necesitaba más personas creativas, que se expresen desde el Ser. Que el mayor enemigo de eso es nuestra expectativa de crear algo que para los demás sea bueno o importante, y que normalmente eso es lo que nos impide ser creativos.

Los niños estando en la playa y haciendo un castillo de arena no se preguntan: ¿será una gran construcción?, ¿los demás lo admirarán? Simplemente lo construyen y ya.

Quiero conectar con esa bella idea, sentir que el escribir este libro es por el simple gusto de hacerlo, sin importar si alguien lo lee o no, sin importar si a alguien le parece interesante o no, hacerlo por mí y para mi, soltando total y absolutamente cualquier expectativa.

De nuevo ya me perdí, me río por que suele pasarme comúnmente en una conversación, empiezo hablar de una cosa y de repente salto a otra, termino abriendo varios hilos y quiero creer que al final todo hace sentido.

Me encanta sentir que soy tejedora de historias, tejedora de vidas, me reconozco de mis mejores dones es conectar a personas con las que encuentro un común denominador y como en un laboratorio, las junto a ver qué sucede.

Así lo hice hace poco con Tribu de Mentes, así lo hice con el colectivo Mai Kali Co que empezamos a reunirnos a finales del 2020.

Suelo ser muy inquieta de mente y me gusta estar en constante movimiento, imaginando cosas y creando nuevos proyectos, de repente suele ser abrumador, me involucro en tantas cosas al mismo tiempo diluyo mi energía y termino haciendo muy poco de todo y a la vez me quedo con una sensación de vacío y poca profundidad. Eso es de las cosas que quiero modificar a partir de ahora.

Empiezo a sentir que es momento de ir a dormir, creo que con el vino empiezo a divagar demasiado y no llego a ningún punto. Por otro lado ya me serví una copa más y me da la sensación de que debo continuar.

Regresé a la cabaña pasadas las 8pm, le envié mensajes a mi pareja pero no los vio. Nos conocemos desde que yo tenía 14 años y él 21. Resulta que él cantaba en el coro cómo exalumno de la preparatoria cuando yo recién había entrado a 4to, posteriormente coincidimos en el coro que se formó para cantar misas y aunque recuerdo que me llamaba mucho la atención, apenas y cruzábamos palabra.

7 años de diferencia en ese momento, era demasiado. Me parecía físicamente atractivo, pero creo que lo que más me llamaba la atención era que siempre estaba dispuesto a ayudar. Desde levantar una partitura que se le cayera al Director del Coro, hasta cargar bocinas,

enredar cables, etc. Su disposición de colaborar en todo momento, me generaba mucha intriga.

Pasaron muchos años en los que no nos vimos, era el 2013 y yo estaba trabajando en una empresa de Afore. ¿Cómo llegué ahí? Sin duda por presión familiar, en múltiples ocasiones me decían que ya necesitaba hacer algo "productivo" y además el dinero de mi liquidación ya se había terminado.

Mi cuñado se había contratado ahí y había una vacante como gerente. Yo no tenía ni medias ganas de contratarme de nuevo, seguía en depresión y me sentía poco capaz de ejercer un puesto de liderazgo.

Acudí a las entrevistas deseando que me rechazaran, sentía que en cualquier momento se percatarían que yo no estaba bien emocionalmente, que no era capaz de llevar a cabo el trabajo que ellos requerían. No fue así, pasé todos los filtros. Al parecer logré "fingir bien" y mi currículo y Mención Honorifica me ayudaban a maquillar mi estado de ánimo.

Entré a un trabajo del que nunca estuve convencida. Todos y cada uno de los días me iba y regresaba con mi cuñado, era muy incómodo.

De las cosas divertidas que pasaron trabajando ahí fue inscribirme como brigadista, nos llevaron a un lugar para hacer prácticas de cómo apagar incendios, rescatar personas, etc. El que dirigía la misión era el Sub-Director de Seguridad de la empresa. Cómo no es raro en mí, me llamó mucho la atención su forma de dirigir y llegó un momento en el que me acerqué a preguntarle que cómo había llegado a este mundo de Protección Civil/Seguridad. Me contó que era Ex Capitán de la Marina y que de repente le ofrecieron el puesto y aceptó. Creo que a estas alturas de la historia está difícil negar que los hombres uniformados me atraen fuertemente.

Recuerdo haberme divertido muchísimo apagando incendios, haciéndome pasar por la persona que tenían que rescatar de un edificio en llamas, dejarme arrastrar y llenar de tierra y lodo. A diferencia de muchas mujeres, me considero poco quisquillosa y delicada.

Debo decirles que el Capitán Z.G. no era físicamente atractivo. De estatura media, moreno y de facciones poco delicadas. Su personalidad fue lo que me atrajo.

En el camión de regreso a la oficina estaba fascinada escuchando sus historias de viajes en Barco por el mundo y sus aventuras en la Marina.

El había tomado fotos que yo quería y fue el pretexto para darle mi teléfono.

Nos empezamos a enviar mensajes. Un día una amiga más grande que yo, que había conocido en CreeSer, un Centro de Desarrollo Humano que me había ayudado mucho en mi proceso de recuperación, me había contado de las comidas increíbles que sucedían en la Secretaría de Marina.

De repente un día me escribió y me invitó. Ella es viuda de un Almirante de la Marina, así que siempre tiene mesa asignada. Le comenté al capitán Z.G. que iría pero me dijo que tenía cita con el doctor y que no creía posible llegar.

Como casi no me pasa en la vida, las personas con las que compartimos mesa, resulta que lo conocían perfecto, de hecho uno de ellos era cómo su padrino en la Marina o algo así.

Pasaron varias horas y prácticamente ya había terminado el servicio en el restaurante de la Marina, cuando Z.G. apareció. Resolvieron ir a un karaoke que estaba prácticamente enfrente de la Secretaría y resulta que increíblemente el Capitán cantaba bastante bien. Pidió la canción de "Hoy tengo ganas de ti" e inevitable sentí que me la dedicaba.

Sinceramente no recuerdo bien que pasó saliendo de ahí, me parece que me acompaño a casa y seguramente nos besamos y posiblemente algo más. A partir de ahí, empezamos a salir y tuvimos una apasionada, corta e intensa relación.

7 de Junio 2021, San Miguel de Allende, Gto.

Después de dormir y despertar, no escribí ni media palabra, por un lado había estado caminando un buen rato por las calles de San Miguel, casi me terminé una botella de vino tinto y dormí de madrugada, decidí descansar un poco.

Me levanté cerca de las 10am. Mientras hablaba con B.M. y le contaba de mis encuentros del día anterior, me hice de desayunar. Es una realidad que disfruto mucho del tiempo a solas, sin embargo; también hay días que extraño estar con él, platicar, cenar rico, tomar vino juntos y después sentirme muy amada y arropada por las noches. En pocas palabras, compartir mi vida con él.

Me quedé dormida de nuevo y me costó mucho levantarme. Había quedado de ir a visitar a mi tía Susana Esteva Navarro y a mi tío Rodolfo Carmona. Por una u otra cosa terminé llegando a su casa a las 19:30 aprox. Eran las 21hrs y me sugirieron que mejor me quedara, yo al principio no le vi mucho sentido, aunque de su casa para acá es tomar un pequeño tramo de carretera, no me sentía en riesgo.

Decidieron abrir una botella de vino y ahí sí, creí conveniente quedarme. Al igual que a mí, les apasiona saber de la historia familiar, podemos hablar horas y horas. No sé en qué momento del día recordé que el 6 de junio era el cumpleaños de mi bisabuela Juana. Todos en mi familia la conocen como "Juanita", en lo particular, me agrada más sin el diminutivo. Me he dado cuenta que tenemos una alta tendencia a hablar con diminutivos.

El día de ayer me escuché diciendo: ¿me traes un vasito de agua y más cafecito? Segundos después reflexioné y me sentí ridícula.

El ADN de mi RE-Evolución

Estar en casa de mis tíos fue muy agradable, son personas súper cálidas, humanas, con mucha sabiduría, les encanta leer, siguen viendo cómo mantenerse activos física, mental y espiritualmente, son de mente muy abierta y poseen un alto grado de sensibilidad.

El día de hoy ha sido muy complicado sentarme a escribir, empecé a conectarme al mundo exterior y entre una reunión online de un colectivo de mujeres que estamos formando, tuve llamada de mi madre, llamada con B.M., le llamé a mi segunda abuela Helen porque me enteré se cayó hace unos días, entré al festejo virtual del cumpleaños de una sobrina hermosa Emma y tuve una sesión de mentoring que duró dos horas y media, adicional me preparé de comer y cenar, son las 11pm y a penas lo logro sentarme a escribir.

Estoy en el porche de la cabaña. Justo hoy cumplo una semana de haber llegado, es la primera vez que logro ver un atardecer, normalmente estaba lleno de nubes o llovía y no alcanzaba a apreciarlo. Hoy la bóveda celeste está espectacular, apagué un poco las luces y admiré por unos instantes la cantidad increíble de estrellas que se dejan apreciar.

Hoy es un día relevante en mi historia, hace 41 años trascendió mi abuela materna, Elena Pilar Navarro Villareal. Yo tenía escasos 8 días de nacida, en páginas anteriores recuerdo haber puesto que 7, es curioso que hasta hoy caigo en cuenta que son 8.

En la reunión del colectivo está una de mis primas segundas, una mujer que también admiro mucho y que ha dedicado su vida a estudiar muchas de las cosas que me interesan. Justo les conté del aniversario luctuoso. El que estando con mi tía Susana me contó que ella fue la que preparó a mi madre con el método psico-profiláctico.

Mencioné que tenía una teoría sobre mis tres vueltas de cordón en el cuello. Aún no tengo idea de dónde la saqué, el punto es que remotamente me llegó la información que los bebés que nos enredamos el cordón es una forma de abortar misión, sentimos que llegar a este plano puede ser algo muy doloroso y preferimos evitarlo.

Hoy lo comenté en la sesión, y mencioné que no tenía forma de saberlo. Resulta que mi prima, que está estudiando un tipo de terapia en la que puedes comunicarte con el plano astral o algo así, me dijo que era posible, que incluso en el momento que lo mencioné sintió un fuerte escalofrío.

Según la psicología sistémica, yo soy doble de mi abuelita Elena, de mi bisabuela Juana y de mi abuelita Elvira, la primera por fecha de nacimiento/defunción, la segunda por fecha de nacimiento y la tercera por nombre. Aunque hace muy poco tiempo me enteré que mi abue Elvira se cambió el nombre, originalmente ella se llamaba Elena.

Aquí y ahora les pido permiso para ...

El ADN de mi RE-Evolución

8 de Junio 2021, San Miguel de Allende, Gto.

Ayer fue un día en el que no pude concentrarme, entre los mosquitos, palomas y demás bichos que se posaban en la pantalla del ordenador, entre los que me zumbaban en el oído, me empecé a desesperar mucho.

Justo cuando escribí que aquí y ahora pedía permiso para contar una de las historias más tristes, dolorosas y vergonzosas de mi linaje femenino; escuché un fuerte aleteo atrás de mi, llegué a pensar que era un murciélago, no tengo idea de si aquí existan esos animales, pero realmente me puse nerviosa y tuve que detenerme.

Me bajé al área del jardín a contemplar las estrellas, con una aplicación que tengo logré identificar varias constelaciones, incluyendo la Osa Mayor (así se llama la calle perpendicular a Corona Boreal, la casa dónde pasé gran parte de mi vida y todavía viven mis padres, mi hermana mayor y mi sobrina Pry).

Me siento un poco contrariada, llevo años de estar más conectada con mi intuición y hacerle caso a las señales que se presentan en la vida, podría decir que la señal de ayer era clara para que no continuara escribiendo del tema que quería contar.

Hoy es de esos días que me siento un poco bloqueada, creo que volverme a conectar con el mundo exterior sin duda me desconectó de la inercia que ya había ganado en escribir. No sé exactamente qué es lo que me pasa pero me siento poco motivada a seguir contando mi historia, de nuevo me entran las dudas de si tiene algún beneficio estarle dedicando tanto tiempo o tendría que estar viendo cómo ayudar a que las finanzas familiares mejoraran.

B.M. está en un trabajo que desde mi óptica es muy negativo; se contrató como Director de Finanzas en una empresa que tiene la representación en México de revistas de negocios, artículos de lujo y moda. De entrada es un mundo que ya me parece muy superfluo y que sigue promoviendo que él éxito, el poder y el dinero es lo más importante a obtener en este planeta. Los socios de la firma por lo que me ha platicado, tienen una mínima consciencia humana y social, literalmente sólo les importa el dinero. Algunas de las personas que conocí hace poco en una reunión, si bien me divertí un rato y comí muy rico, me sentía completamente ajena y desconectada de ellos. Solo hubo un momento en que me preguntaron a que me dedicaba, cuando comencé a platicarles, en pocos segundos hubo una interrupción y ni siquiera dejaron que terminara de contarles ni quisieron retomar el tema.

Más allá de sentirme ignorada, entendí perfecto que estamos en canales diferentes, no hice mayor esfuerzo por retomar mi plática y contarles lo que a mí me apasiona.

En octubre del año pasado llegó un momento en el que me sentí completamente desconectada de B.M., mi percepción es que el invierte el 85% de su vida en el trabajo y el 15% restante a todo lo demás. Por más que intentaba hacerle ver cosas que para mi han sido muy importantes de descubrir en el camino, nada más no lo conseguía. Finalmente me harté y llegó un día que sentí que mi espíritu me dijo: "Hasta aquí, no más. Es hora de partir".

Y así lo hice, le dije que ya no podía más, que estaba cansada de no haber logrado transmitirle la importancia de llevar una vida más sencilla y sobre todo, con sentido. O al menos, "mi sentido".

Que necesitaba separarme de él.

El ADN de mi RE-Evolución

Por supuesto no tenía un plan en la cabeza, es muy probable que desde tiempo atrás lo pensé en varias ocasiones pero por una u otra cosa no me atrevía hacerlo, ya eran varias las veces en mi vida que me había lanzado al vacío y normalmente los golpes al caer han sido duros, me tardaba mucho en recuperar.

De nuevo estaba la Selene atrevida, arriesgada, con ganas de hacer de su vida un papalote, de gritar libertad, de viajar, conocer, llenar mi vida de aventuras e historias llenas de emoción.

Probablemente pasaron 15 días en lo que yo encontré a dónde moverme y sacar la mayoría de mis cosas. Decidí dejar dos libreros que me había heredado mi tía Estela Brun, una mujer espectacular por la que luego me enteré que mi abuelo Alejandro conoció a Helen Maldonado.

Fue triste y dolorosa la separación, sin embargo, me sentía tranquila y confiada que era lo mejor que había podido hacer. Lo más extraño es que no dejaba de amarlo, simplemente sentía que nuestro ciclo había concluido y que no era yo la que terminaría de ayudarlo en su proceso de crecimiento personal y espiritual.

B.M. ha sido por mucho el hombre más generoso, amoroso, entregado, apasionado, inteligente y leal que he conocido.

En páginas anteriores conté que nos conocemos desde que yo tenía 14 y él 21. La diferencia de edades en esa etapa de la vida es abismal. Compartimos cantar en coro de ex alumnos por mucho tiempo pero prácticamente no cruzábamos más que el saludo.

Era la época en la que ya tenía una relación con el Ex Capitán de la Marina, me había quedado con él en su departamento que estaba muy cerca de la oficina. Evidentemente no podía llegar con la misma ropa del día anterior, así que le pedía a una amiga que vivía en Polanco me prestara algo. Ya estando en la oficina, salí a fumar y de repente, voltee la mirada y vi a B.M. Estaba segura que lo conocía solo que no recordaba de dónde.

Me acerqué sin titubear y le dije:

- ¡Yo te conozco!

Él hizo cara de pocos amigos o simplemente que no me recordaba.

Yo necesitaba saber de dónde lo conocía, cuando me pasa eso con alguien normalmente no descanso hasta saber el origen.

- ¿Del Tec de Monterrey?

- No, yo estudié en la UP

- Mmm, ¿del IDB?

- Sí estudié ahí, ¿pero de qué generación eres?

- 94-97

- Uy pues no, yo soy 89-91

Finalmente no terminamos de acordarnos ninguno de los dos de donde fregados nos conocíamos. Me contó que habían tenido junta con personas de la empresa para la que trabajaba. Les iban a vender un software. Intercambiamos tarjetas y cómo no es raro en mi, le dije que nos podíamos ver y le pasaba algunos contactos que consideraba le podrían servir. Jamás me contactó.

Pasó tal vez un mes, mes y medio y convocaron a una reunión para integrar de nuevo un coro de ex alumnos.

El ADN de mi RE-Evolución

Una noche antes no sé que había hecho pero me había desvelado, iba un poco cruda, y llegué tarde a la cita; el que me abrió la puerta: B.M., lo primero que me dijo fue:

- ¡Pues de aquí nos conocemos!

En esa ocasión no tenía idea de que me estaba hablando.

Terminó el ensayo y nos quedamos interactuando los que tenía mucho tiempo que no nos veíamos. De repente estábamos platicando un hombre que en su momento quiso conmigo en la prepa, B.M. y yo.

De repente B.M. me dijo:

- La próxima semana voy ir a "X" Afore.

Yo me quedé extrañada por qué no había mencionado que trabajaba ahí y le pregunté

- ¿Cómo sabes que trabajo ahí?

- ¿No recuerdas que nos vimos a fuera de tu oficina?

La verdad no me acordaba hasta ese momento ...

- Ahhhh claro!!!

Seguimos platicando y de repente el que había querido conmigo preguntó:

- ¿Qué ha sido de tu vida?

- Yo: En resumen, me casé, me separé, estoy trabajando en "X" y no tengo hijos.

- Él: Yo me casé, me divorcié y ahora vivo con la mamá de mis hijos.

- ¿Y tú, B.M.?

- Yo me casé, tengo dos hijos y me casé para toda la vida.

Su comentario me cayó como patada de mula, internamente pensé: "le hace falta vivir". Se me hizo muy soberbio que estuviera seguro que su matrimonio duraría para toda la vida. Por supuesto no dije nada, pero reconozco que no me agradó, lo sentí como juicio.

Pasaron los meses, mi relación con Z.G. no iba muy bien, a pesar de que era muy atento, divertido y le gustaba la aventura igual que a mí, empezaba a notar ciertos rasgos que me prendían el foco rojo.

En una ocasión fuimos a Cuernavaca a una carne asada en casa de unos amigos suyos de la marina, todo era muy familiar y me sentí muy bien recibida. Nos quedamos en un hotel y al otro día también desayunamos juntos y luego fuimos a una plaza para comer. Recuerdo haberme bajado con la hija de los amigos mientras los demás estacionaban los coches, era una chica de 15 años. Pedimos la mesa en Italliani's® si no mal recuerdo y cómo tendríamos que esperar varios minutos nos cruzamos a la tienda de Adidas®.

Tal vez pasaron 5 minutos que yo no contesté el celular (no lo escuché) y al contestar, Z.G. ya se había puesto loco, ¿Qué donde estábamos?, ¿Qué porqué no le había avisado que nos moveríamos?, etc. etc etc.

Por supuesto en la comida me sentí muy incómoda, trataba de estar mejor para no arruinarles el momento a los demás, pero me costaba hacer como que todo estaba bien. Sin duda me reactivó sensaciones que ya eran conocidas de mi antigua relación con el ex militar chileno.

Salimos de ahí, veníamos de regreso en carretera. Yo recuerdo haber estado muy seria y casi no hablaba. Llegó un momento en el que decidimos retomar el tema, la entrada a la ciudad estaba a vuelta de rueda y había posibilidad de conversar un poco. Sus palabras me perturbaron aún más.

- ¿Que no entiendes?, estás bajo mi responsabilidad, ¿si te violan, matan o descuartizan? Se van contra mí, palabras más, palabras menos.

Yo me quedé paralizada, se me hizo terrible que pensara en eso. En mi vida me he sentido siempre muy protegida, reconozco haberme puesto en múltiples ocasiones en situaciones de riesgo y gracias a Dios me he mantenido sana y salva. Sentía horrible que pudiera estar con un hombre que pensara que me podrían hacer algo así. Desde ahí empezó a perder el encanto, no quería vivir de nuevo una sensación de control y poca libertad.

Estaba por cumplir escasos 8 meses en la empresa, definitivo hice lo posible por encontrarle el lado amable y positivo pero mi trabajo en sí no me gustaba nada. Varias personas se contrataban única y exclusivamente para tener el sueldo y bonos de los tres primeros meses y luego se iban. Motivar a los ejecutivos se me hacía cada vez más difícil.

Lo único que había encontrado inspirador era las acciones de la Fundación, la verdad es que hacía más relaciones públicas que mi trabajo como gerente comercial. Llegó un día en que una de mis "compañeras" fue a llenarle la cabeza de humo a mi jefe y le dijo que yo no trabajaba, que me la pasaba platicando y quien sabe que tantas cosas más.

De repente un día de la nada llegó mi jefe, y me dijo:

- Hoy no tengo nada que hacer. Voy estar contigo todo el día.

Obviamente quería ver qué hacía y qué no hacía. En mi cabeza eso se llama acoso. Le dije:

- Ok, solo existe un lugar al que no me vas a poder acompañar: ¡El baño! Y necesito ir.

Me sentía enojada e invadida. Me molesta cuando quieren presionarme en exceso. ¿Puedes creer que me acompañó hasta la puerta del baño?, ¿Pensaría que me quería escapar? No lo sé, el punto es que me sentí fatal.

Le escribí a Z.G., necesitaba contárselo a alguien. No recuerdo exactamente que me contestó, él siempre fue muy claro que no se haría cargo de resolver mis problemas.

Fueron horas nefastas, logré safarme por unos minutos y quedé de verme con Z.G. afuera del edificio.

A los pocos minutos vi a mi jefe, bajó a buscarme.

Z.G. era Sub-Director de Seguridad y mi jefe, Sub-Director de Afore.

En realidad tenían el mismo nivel de puesto, verme con él se le hizo muy extraño. Sólo le dije que teníamos amigos en común.

Afortunadamente terminó el día, yo ya no podía más. Estaba harta de estar en un lugar al cuál no le veía el más mínimo caso, no me gustaba lo que hacia la empresa ni mis responsabilidades. Había entrado a trabajar por presión familiar, era una realidad que ya me había terminado mi liquidación y no estaba aportando nada a los gastos familiares.

Desconozco cuánto tiempo paso, seguramente poco cuando tomé la decisión de renunciar. Sentía que mi jefe me iba a correr y antes de darle ese gusto, decidí irme.

Mi renuncia la presenté ante recursos humanos, no quería verle la cara a mi jefe. Preparé mis carpetas para entregarle lo necesario de la forma más ordenada posible y después de firmar mi carta de renuncia y dejar un testimonio de la situación que había vivido; fui a su oficina a comunicarle mi decisión y entregarle documentos. Por supuesto cero le gustó mi decisión y menos la forma en la que lo había hecho.

Salí en octubre del 2013. Los meses siguientes caí de nuevo en depresión, nada me animaba, no tenía ganas de trabajar y de nuevo sentía que me había dado por vencida muy pronto.

De las pocas cosas que estaban siendo una constante en mi vida y me daban un poco de alegría y paz, era cantar en el coro de ex alumnos.

A pesar de que me daba miedo que las personas notaran que estaba deprimida, casi siempre asistía a los ensayos. Era fácil cantar y salir corriendo cuando terminaba el ensayo, así ya no tenía que interactuar con los demás.

B.M. supo que había renunciado al Afore y me invitó a trabajar en su empresa. Sería cómo líder de proyecto y tendría sueldo más comisiones. Fui a entrevista con él y con su socio, la decisión dependía de mi.

Lo pensé unos días y decidí declinar, anímicamente no me sentía nada bien y mi intuición me decía que él y yo podríamos tener química; no quería ser la responsable de que su matrimonio no fuera "para toda la vida". Sin duda mi intuición no me falló.

A los meses, yo entré a trabajar a una Revista cómo Gerente de Mercadotecnia. Llegó un ensayo de coro en el que me enteré que B.M.

se había separado. De nuevo, estúpidamente un sentimiento de culpabilidad me invadió. Cómo si el haber pensado tiempo atrás "le falta vivir" haya sido una predicción cumplida de mi parte.

Al poco tiempo me nació escribirle y decirle que de regreso de mi oficina pasaba justo enfrente de la suya. Que cuando quisiera tomar un café y platicar, con gusto podíamos ponernos de acuerdo.

Pasó tal vez una o dos semanas y me tomó la palabra. Me invitó a cenar después de un ensayo y fuimos a un bar en Coyoacán, desde los mensajes noté un tono diferente a un encuentro de amigos, me ponía un poco nerviosa; sin embargo, acepté.

En ese primer encuentro nos besamos y desde ahí se puede decir que empezamos a "salir". Yo fui muy categórica al hacerle saber que no era exclusivo y que mientras viviera su proceso de divorcio, él y yo no éramos nada.

Sinceramente llegué a creer que sólo me veía cómo su tablita salvavidas. Estaba cumpliendo 40 años, se estaba divorciando y necesitaba reafirmar su capacidad de conquista.

Yo por mi lado, salía con otros hombres y jamás pensé que nuestra relación se formalizaría al grado de vivir juntos. Definitivamente le tocó de nuevo una de mis etapas hipomaniacas.

Un día me enojé muchísimo con mi padre al grado de dejar el coche con el candado en una calle del centro y no importarme que se lo llevara la grúa. Me fui caminando a Bellas Artes y ahí en la noche, B.M. pasó por mí.

Yo no quería que nadie supiera que estaba con él, quería evitar que lo vieran cómo el príncipe que rescató a la princesa en peligro. Me dio asilo en su departamento varios días, hasta que una amiga de mi mejor amiga, me dijo que podía quedarme en un departamento que tenía junto con su hermana. Estaba en la calle de Puebla y la zona tenía una vibra muy densa.

Estuve ahí algunas semanas, hasta que logré reconciliarme un poco con mis padres. Ya no recuerdo bien, pero Camilia, la perrita que había adoptado años atrás, se había salido y quedó preñada. Dio a luz a 7 cachorros que para mi llegaron a ser cómo mis hijos. Pasé cualquier cantidad de cosas con ellos durante 3 meses.

En ese inter, conocí a los hijos de B.M., ellos también estaban en duelo al igual que el padre; su familia se había terminado, de estar viviendo en una casa muy grande en Metepec, su madre y ellos estaban viviendo con sus abuelos.

Fueron años de mucho aprendizaje, de muchos momentos bellos, pero también de mucha frustración. El sentirme cómo la segunda, fue una tortura.

Por supuesto sus hijos pasaron por varias etapas conmigo, considero que siempre fui súper respetuosa de sus procesos y jamás forcé nada. Me dolía, que recordaban repetidamente, escenas en las que yo no había estado presente y eso me hacía sentir excluida.

Suena triste, pero en lo más profundo, nunca llegué a sentir que pertenecía. Siempre había algo que me hacía dudar que realmente era mi lugar.

B.M. hizo todo lo humanamente posible para que yo me sintiera amada, aceptada, recibida, integrada, cuidada, etc.

A las 2pm decidí salir a despejarme, me sentía muy bloqueada para escribir. Me arreglé y fui al centro. Di muchas vueltas para poder encontrar estacionamiento en la calle; finalmente lo logré y comí en un lugar histórico muy bello. Tiene un patio inmenso, fuente al centro y murales adornando las paredes, la idea era escribir ahí pero hacía muchísimo calor y no pude. Caminé un poco, "casualmente" entré a una tienda que se llama Bazar de los Sueños o algo así, de las tiendas que me encantan, ropa y accesorios vintage. No pude estar mucho tiempo por que cerraban a las 5pm pero pude comprarme algo que necesitaba.

Voy a transcribir un mensaje que me llegó hoy de mi único tío abuelo que me queda del lado de mi madre. El tío José Navarro Villareal, es el más pequeño de los hermanos de mi abuelita Elena y tiene la misma edad que uno de los hermanos de mi madre.

Sí, eso quiere decir que mi abuela y mi bisabuela estuvieron embarazadas al mismo tiempo. Mi abue Elena de su primogénito Alejandro y mi bisabuela Juana de su hijo más pequeño, José.

Me lo envió hoy a las 12:58pm.

COMPRENDE POR QUÉ LOS "SECRETOS FAMILIARES" PRODUCEN ENFERMEDADES

Dicen que un "Árbol Sano" es aquel que produce Frutos Dulces y Nutritivos, aunque en su apariencia externa sea un árbol "Torcido"...

Un "Árbol Majestuoso" que produce frutos "tóxicos" es un Árbol Enfermo ...

El ADN de mi RE-Evolución

Sanar es traicionar la intención primitiva de nuestro Árbol Genealógico ... Decir No, Rompe el contrato de mantenimiento Neurótico del Árbol.

"La sanación del Árbol Genealógico consiste en quitar la Repetición, Comprenderla, o Repetirla en una Forma Positiva" ...

¿Qué es la familia?

La Familia es lo permanente, estaba antes de que llegáramos ..., le pertenecemos mientras vivamos y seguirá existiendo después de nosotros ...

Es una Generación de Vivos, que caminan como mínimo con Dos Generaciones de Muertos a la espalda hasta la línea de meta, donde le toca subirse a la espalda de la Siguiente Generación de Vivos ...

¿Yo soy Mi Familia?

Recordemos que desde la perspectiva de la "metagenealogía" Cada uno de nosotros está habitado por las "Tres Generaciones que lo preceden, lo que hace un mínimo de Catorce Personas" ...

Desde esta perspectiva, consideramos que los secretos guardados en una generación son un manantial insano de traumas y conflictos para los que llegan detrás ...

¿Hay alguna relación entre la enfermedad y los secretos familiares?

La relación entre Enfermedad y Secretos Familiares se hace bastante evidente en el estudio de los Árboles Genealógicos ...

La Familia es como una olla psicológica llena de:

- *Secretos*

- *Tabúes*

- Silencios

- Vergüenzas ...

Hay locuras, robos, infidelidades, cárcel, incesto, abusos ...

Así la enfermedad no es la solución del problema, sino una invitación a enfrentar un conflicto familiar que se ha mantenido en secreto ...

Escribió Francoise Dolto:

"Lo que es callado en la primera Generación, la segunda lo lleva en el Cuerpo"...

¿Qué cosas, a nivel psicogenealógico, vamos cargando en el cuerpo?

En el lado derecho .... Está la Herencia Paterna

Lado izquierdo ... La Herencia Materna

El Vientre ... La Madre ...

La Espalda ... los Padres

- Padres divorciados o separados las puntas de los pies se separan

- Miedo a la sexualidad, pelvis movida hacia atrás ...

- No te han amado, pecho endurecido e insensible ...

- Si no uso palabras para expresar mi dolor, lo expresaré con mi cuerpo.

Anne Ancelin Schützenberger lo estudió a fondo:

El ADN de mi RE-Evolución

Los duelos no hechos, las lágrimas no derramadas, los secretos de familia, las identificaciones inconscientes ... y Lealtades familiares invisibles ... Pasan a los hijos y descendientes ...

"Lo que no se expresa con palabras, se expresa con Dolores" ...

"O por accidentes", como el caso de una biznieta que pierde su virginidad por accidente a los siete años (jugando) y estudiando su árbol, descubre que su bisabuela fue fruto de una violación, concebida en la misma fecha que ocurrió el episodio ...

¿Cómo se pueden observar los secretos en el árbol Genealógico?

Cuando el Árbol quiere desvelarte un secreto, crea una estructura, algo que se repite, con eso pretende llamar "tu atención" ... Por ejemplo una fecha que se repite, un estilo de elección de la pareja, unos accidentes con ingredientes similares ...

Estos secretos se guardan por vergüenza, por pudor, por proteger a los niños o auto-protegerse ante la sociedad ...

¿Dónde se sitúan esos secretos? Cada secreto que tenemos esta en el estrato que le corresponde (los 4 egos):

1. *Mis ideas locas secretas, podemos identificarlas en el nivel de mis "bisabuelos".*

2. *Mis emocione secretas, están en mis "abuelos".*

3. *Mis secretos sexuales-creativos, están en mis "padres".*

4. *Mis secretos materiales, de territorio, están en mis "hermanos".*

Cuando el secreto lo porta un miembro de la familia, éste lo vive como un cuerpo extraño y molesto, su cuerpo lo vive como un tumor o un bolo alimenticio que tiene que salir afuera ...

Nunca debemos contar secretos a los niños, ¡es un abuso!

Sabemos además el poder de la comunicación no verbal, si alguien delante de ti se calle una información importante, se delatará tarde o temprano con algún gesto inconsciente...

Freud decía:

"Aquel cuyos labios callan, conversa con la punta de los dedos ... Se traiciona por todos los poros".

Claudine Vegh decía:

"Vale más saber una verdad, aun cuando sea difícil, vergonzosa o trágica, que ocultarla, porque aquello que se calla, es subordinado o adivinado por los otros y ese secreto, se convierte en un traumatismo más grave a largo plazo" ...

Los secretos hay que airearlos si son del Presente, de la manera más adecuada y en el momento más propicio, o sanarlos con la psicomagia si son del pasado ...

"Una herramienta útil es dibujar el Árbol Sanado" Se trata de hacer una obra en la que representemos a todos los miembros, con dibujos o fotografías pegadas a modo de collage ... A cada uno le pondremos su Finalidad Cumplida, todo aquello que les damos nos lo damos a Nosotros Mismos, y ahí aparecerán todos los secretos Convertidos en Bendiciones...

El Árbol guarda secretos, al tiempo que puede intentar desvelarlos ... En todo árbol aparece en un momento determinado un Héroe, el que lo sana y se sana, aquel que se atreve a construir el Árbol Genealógico ...

No existen los Árboles Sanos, porque vivimos en una sociedad enferma.

El ADN de mi RE-Evolución

"La sanación del Árbol consiste en quitar la repetición, comprenderla o repetirla de una forma positiva"

Fuente: Alejandro Jodorowsky

Creo que me he perdido en las ramas, contando historias de mi vida, que si bien me parecen interesantes, divertidas o que forman parte del gran rompecabezas, le he dado demasiadas vueltas para llegar a la principal razón de escribirlo.

En el 2011 me auto diagnostiqué con Trastorno Bipolar y digo que me auto diagnostiqué por que al estar trabajando en una empresa que se dedicaba a vender drogas autorizadas (o mejor conocidas cómo medicinas) para el Sistema Nervioso Central, había estudiado bastante los síntomas de varias enfermedades psiquiátricas y según el DSM-4 o 5 en ese momento (Manual para el diagnóstico de las enfermedades mentales) cumplía con varios de los síntomas de un episodio maniaco: verborrea, hipersexualidad, delirio de superioridad, trastorno de sueño y alimentación, por mencionar algunos.

Resulta que con un solo episodio de manía en tu vida, te diagnostican como bipolar y es de esas enfermedades que te estigmatizan, te hacen vivir con una etiqueta en la frente y lo peor de todo, te dicen que no tiene cura, que tendrás que estar "medicado de por vida".

Es momento de terminar de contar la historia de cómo se detonó la explosión de mi bomba atómica interna.

Vuelvo a retomar el viaje a Brasil, Rió de Janeiro, última noche.

Después del Pan de Azúcar, no recuerdo bien que hicimos el resto del día, al parecer perdimos mucho tiempo caminando para encontrar donde un cajero, ya casi no teníamos efectivo. Cada quien descansó un rato en su cuarto y quedamos para ir a cenar. Como pocas veces en mi vida yo no tenía que estar tomando todas las decisiones, él ya había elegido un lugar que quería conocer y yo no tenía ni medio problema en seguirlo.

Por primera vez en todo el viaje me dejé el cabello suelto, amo mi cabello chino. Estrené el vestido amarillo que había comprado y considero que me veía muy atractiva.

Cuando nos encontramos en el looby para ir a cenar e hicimos contacto visual, sentí una mirada extraña, de esas veces que notas que la otra persona te ve diferente.

Seguía sin entender cómo él me había logrado poner nerviosa antes del viaje y que prácticamente estaba por concluir y no había intentado absolutamente ningún acercamiento físico.

Me parece que si me llegó hacer un comentario sobre que me quedaba muy bien el cabello suelto a que el color amarillo se me veía bien. Llegamos al restaurante, era un lugar de moda, comida cero brasileña; si no mal recuerdo, japonesa. Me parecía increíble que llevábamos varios días juntos y la plática seguía siendo amena, divertida y profunda.

Saliendo de ahí, yo tenía ganas de bailar. Sentía que había vivido un Río de Janeiro muy silencioso y completamente distinto a la idea que existía en mi cabeza.

Nos recomendaron un bar y decidimos ir. Para ese momento ya nos habíamos tomado una botella de vino, seguimos con cubas y llegó un momento en que yo ya me empezaba a sentirme mareada.

El ADN de mi RE-Evolución

En algún otro momento del viaje le conté que cuando iba de antro con mis amigas y alguna de ellas quería conocer un hombre, yo me acercaba y posterior a investigar si iba solo, le decía que quería presentarle a alguien.

Por supuesto eso no podía hacerlo cuando a mí me gustaba alguien. Ahí aplicaba la técnica de la mirada y si al él también le llamaba la atención, dejaba que él fuera el que se acercara.

En algún momento escaneó el lugar y me dijo:

- ¿A que no te atreves a ligarte al hombre que está allá?

Seguramente si me lo llegara a encontrar de nuevo, no tendría idea de cómo reconocerlo. Recuerdo que era atractivo. Mi respuesta fue:

- ¡No me retes!

- A ver, ¡a ver si es cierto que puedes!

Finalmente terminé cediendo a su absurdo reto y fui hablar con el seleccionado.

Resulta que era brasileño, hombre interesante y atractivo. Algunos años más grande que yo. Comenzamos a platicar entre portugués, inglés, español y llegó un momento en que yo sentía que ya era momento de cortar la conversación.

Él no me quería dejar ir, incluso trató de besarme y en su momento me dijo que me fuera con él. Yo no pude besarlo, me importaba mucho que ahí estaba "mi jefe" viendo todo.

Finalmente logré despedirme y tomamos un taxi de regreso al hotel. Casi al instante de subirme, me quedé profundamente dormida. Llegamos al punto de destino y me costó trabajo caminar al hotel, ya había sido demasiado. Nos subimos al elevador y él marcó el piso 12.

Yo con mirada de sospecha le dije:

- ¡Tú cuarto está en el 11!

A lo que contestó:

- Ya lo sé, pero te voy acompañar.

Ya no dije nada. Estaba en nulas condiciones de debatir.

Llegamos a mi cuarto, abrió la puerta, yo me tumbé en la cama por que ya no podía ni con mi alma y entre sueños, sentí que me quitaba las sandalias. Conectó mi celular y salió del cuarto.

Yo ya estaba dormida en ese momento.

Al otro día sonó el teléfono, me espanté y al querer contestar, tiré el aparato. Resulta que era él, se rió de mi voz y sobre todo; escuchó el ruido del teléfono en el suelo justo en el techo de su cuarto.

Sus palabras fueron:

- ¡Buenos diiiaaaasss! Te espero en media hora para desayunar, nos falta ir a conocer el Cristo del Corcovado antes de regresar.

¿Cómo chingados le hacía para tener tanta pila después del vino, cubas y desvelo?

No lo sé.

Me bañé súper rápido, me puse una blusita sin mangas blanca que me había comprado especialmente para el viaje, muy femenina y me dejé el cabello suelto.

El ADN de mi RE-Evolución

Me sentía muy mal, no quería amarrármelo por qué me doliera la cabeza. "Extrañamente olvidé" ponerme mi anillo de casada y de compromiso.

Desayunamos y me dio Red Bull® según "para recuperarme", nunca me ha hecho efecto pero no tenía fuerzas para contradecirlo.

Se rió muchísimo de que la noche anterior en el taxi, me fui meciendo de un lado a otro conforme dábamos las vueltas.

Se le ocurrió decir:

- ¡Qué bueno que no te dejé ir con el brasileño!

En mi mente pensé todo, excepto la razón que me dio.

- ¡Habrías hecho quedar muy mal a las mexicanas!

Cero simpático me pareció su comentario.

Pedimos si nos dejaban hacer late check out y aceptaron únicamente de una habitación, dejé las cosas en su cuarto. Ese día ni siquiera tenía ganas de cargar una bolsa de mano, le encargué mi celular, id y dinero.

Llegamos al lugar dónde se toma el teleférico para llegar a la punta del monte Corcovado donde se encuentra el Cristo, el siguiente horario ya nos quedaba muy apretado para ir, regresar, hacer check out y salir corriendo al aeropuerto para tomar nuestro vuelo de regreso a la realidad.

Decidimos compartir un taxi con una pareja y una señora de más de 50 años. Yo seguía sin sentirme bien. Él empezó a platicar con la señora que al parecer era de Suiza y le contó una historia que ya no recuerdo bien, pero algo de una princesa con la que ya no se pudo casar o algo así, la mujer le dijo:

- ¡Pero ya tienes a tu princesa!

Me parece que se refería a mi ... No recuerdo qué contestó él.

Llegamos al punto donde empiezas a subir escalones para terminar de llegar a la punta. Yo iba muy incrédula, jamás me ha parecido sorprendente las obras hechas por humanos versus las de la naturaleza. Ya estaba ahí y me convenía poner buena actitud y disfrutar el momento.

Al llegar a la parte más alta y ponerme de frente al Cristo, entendí porque era de los must de Río. Es una estatua imponente y un lugar con una energía súper especial. La vista no se podía disfrutar mucho, porque estaba muy nublado.

Recuerdo haber cerrado los ojos y empezado a orar:

- Dios mío, tu sabes que ya no estoy bien con mi esposo, ¡por favor, ayúdame! Guíame, dame una señal.

Palabras más, palabras menos. Al abrir los ojos no lo podía creer, el cielo estaba despejado, se veía azul intenso, ver las aves planear era algo que me evocaba libertad y me hacía sentir que era lo que yo deseaba de nuevo.

Tomamos algunas fotos y regresamos al vehículo que nos llevaría a otro punto de donde se aprecia el Cristo desde otra perspectiva.

Al subirnos, nuestra compañera de viaje preguntó:

- ¿Qué tal la vista?

- Ambos contestamos que increíble, impresionante, etc.

- ¿Tomaron muchas fotos?

- Él contestó: Algunas, no muchas, somos más de llevarnos las imágenes en la mente. ¿Y tú, tomaste muchas fotos?

- No, ninguna. Yo viajo sin cámara. Mi hija es fotógrafa, mi ex marido es fotógrafo y yo veo una cámara y me pongo mal.

Yo sentí que mi mundo se desplomó al escuchar eso, probablemente era una de las muchas señales que necesitaba para reafirmar mi deseo de separarme de mi esposo.

Se solté llorando como niña, no podía contener el llanto.

Ella se preocupó mucho, sintió que dijo algo malo y simplemente preguntó si estaba bien, entre sollozos alcancé a decirle que sí, que estaba muy bien.

Continué llorando por algunos minutos y cuando pude argumentar palabra, le dije a "mi jefe" que si yo fuera un toro, eso había sido mi estocada final. Seguramente él no terminaba de entender lo que pasaba, o sí. Nunca lo supe.

Llegamos al otro punto y nos bajamos del vehículo, yo seguía en pleno desahogo. Él por primera vez en el viaje me abrazó. Fue un abrazo muy de amigos, de apoyo, soporte, nada romántico.

En el taxi de regreso al hotel seguía llorando, de una manera más tranquila y sin tanta intensidad, pero para mí, era muy claro que ya no quería continuar con mi vida de casada.

Llegamos al hotel, ya no recuerdo si fue idea suya o mía que antes de irnos de Coapacabana teníamos que meternos al mar, estar ahí y no habernos sumergido en sus aguas, era inadmisible.

Nos cambiamos y bajamos. El oleaje estaba fuerte sin llegar a dar miedo. Amo sumergirme y nadar para que la ola pase encima, conforme lo hacía, sentía que el mar se llevaba mi dolor, mi tristeza, mi angustia. En ese momento no importaba qué haría ni cómo lo haría.

Ya tenía experiencia en terminar relaciones; pero en este caso, sería un matrimonio; el escenario era distinto.

Me parece que estuvimos menos de 30 minutos, teníamos poco tiempo para bañarnos, cambiarnos y salir corriendo al aeropuerto; era momento de regresar.

Esa ocasión usé una sudadera muy original, con varios colores y con una manga de un estampado y la otra diferente. No me quise maquillar y casi ni me peiné. Llevaba muchos años de siempre estar "perfectamente" vestida, peinada, arreglada y ya me había cansado. Ese día era lo que menos me interesaba, no me importaba "lucir bien".

Llegamos al aeropuerto y al documentar teníamos un tiempo considerable antes de abordar, en una tienda tenían un CD puesto que me gustó mucho, decidí comprarlo, era de Bossa Nova. Lo pusimos en su computadora mientras tomábamos la última copa de vino antes de abordar y lo grabó. Varias de las canciones sentí que tenían relación con nuestro viaje.

Casi no pude conciliar el sueño en el avión, mi cabeza seguía dando vueltas y por un lado con la claridad de terminar con mi esposo; pero por el otro lado, confundida de lo increíble que había sido el viaje con "mi jefe".

Por supuesto ahí todavía no quería aceptarlo, pero era un hecho que el haberme "respetado" y "no haber intentado nada" en el viaje, en vez de desencantarme; me enganchó mucho más.

El ADN de mi RE-Evolución

En las pantallas del avión mostraban el mapa de la ruta, cuando vi que entramos a territorio mexicano me empecé a estresar. Sabía que mi decisión afectaría a muchas personas, pero por otro lado ya no tenía dudas. Ya no quería esperarme al supuesto viaje de despedida.

Llegamos muy temprano a la Ciudad de México. Cada quién tomó un taxi para dirigirse a su casa. El haber estado los últimos días juntos casi 24x24 me hacía extraño tener que separarnos. No recuerdo bien sus palabras finales, pero fueron algo así:

- Te deseo paz en tu mente, alegría en tu corazón y claridad en tu camino.

Me subí al taxi y probablemente se me salieron unas lágrimas de nostalgia al habernos despedido.

Llegué a casa de mis padres, por supuesto mi madre quería que le contara con lujo de detalle el viaje y me dijo:

- ¿Y se me invitas a desayunar?

Le contesté que con mucho gusto, pero que por favor me dejara dormir un rato. Ahh y también con una condición, que me dejara hablar.

Alrededor de las 11am nos fuimos a los Bisquets de Obregón®. Seguramente le conté a del viaje, de lo mágico y maravilloso que había sido y en verdad sentí que estaba viviendo en otra dimensión.

Le dije que estando allá decidí que me quería separar de mi esposo, su respuesta inmediata fue:

- ¡Ya se veía venir!

Increíblemente en ese momento la sentí súper empática y al parecer estaba en paz con mi decisión.

Semanas adelante decía todo lo contrario; que no tenía idea cómo había tomado la decisión, que no podía creerlo, que se lo había dado de regalo de cumpleaños, en fin, llegó a tomar una postura muy de víctima.

Era 7 de abril cuando se lo comuniqué a mi madre, seguramente no tenía cabeza para pensar en el trabajo. Mi "suegra" estaba en México y mi esposo me pidió llevarla a Querétaro.

Ella y yo nos llevábamos muy bien. A pesar de que al principio tuvimos pequeñas diferencias, sobre todo cuando recién nos casamos. Le dio "hijitis". Valoró todo lo que su hijo hacia por ella, por sus hermanas y por la casa.

El viernes 8 tomamos camino a Querétaro. Por supuesto me preguntó cómo me había ido de viaje, le conté algunas cosas, la verdad es que no quise profundizar, en cualquier momento podía comunicarle mi decisión y eso sería terrible.

Al fin llegamos, la dejé en su casa y me fui al departamento. Mi esposo me esperaba con una rica cena y vino. Me dio gusto verlo pero no me sentía emocionada con el reencuentro, seguía con la firme idea que ya no deseaba estar a su lado.

Al igual que a su madre, le conté de manera muy superficial del viaje, me parecía increíble que nunca me hubiera marcado ni se preocupara por saber en qué hoteles me quedaría ni en que aerolíneas viajaría.

Nos dormimos temprano, yo argumenté que seguía muy cansada y por supuesto, no tuvimos intimidad. Al día siguiente, sábado 9 de abril, a penas abrí los ojos y reafirmé que ya no quería estar ahí.

9 de Junio 2021, San Miguel de Allende, Gto, 12am

Acabamos de cambiar de día.

Posterior a decir:

- Buenos días

Mi siguiente oración fue:

- Necesitamos hablar.

Mentiría si recuerdo las palabras que le dije, se que le puse una o dos canciones que según yo me ayudarían a comunicar mi decisión. Le dije que no podía seguir, que estaba completamente desencantada del matrimonio, que después del noviazgo todo había sido monótono y que yo no quería una vida aburrida y plana.

Él amaba estar en Querétaro y su sueño era formar una familia ahí, cerca de la suya.

Alguna vez se presentó la oportunidad para que aplicara cómo piloto a una aerolínea de la India y me ilusionó muchísimo la idea. Intenté motivarlo para que hiciera el proceso y su respuesta fue:

- Yo no quiero estar lejos de Querétaro, ¡aquí está mi familia!

En mi cabeza cuando te casas, de alguna manera renuncias a tu familia nuclear para formar una nueva familia. Su familia era súper muégano, todos sabían de la vida de todos.

El año anterior había ido de viaje a Miami con las que en ese momento eran mis amigas de la universidad. Al regresar, todos estaban enterados.

Él no podía creer lo que le estaba diciendo, no aceptaba que de repente me diera por terminar con una relación de 3 años de noviazgo y 2 de matrimonio. Todos nos llegaron a ver cómo la pareja "perfecta", la pareja de película, hubo un tiempo que parecíamos hechos el uno para el otro. Al principio yo era la más cariñosa y apapachadora con él, me casé muy enamorada. El problema es que me desencanté muy rápido.

Llegué a sentir que nuestro matrimonio iba directo a convertirse en uno cómo el de mis padres, de pura apariencia y costumbre. Yo no estaba dispuesta vivir una vida plana y lineal.

Le pedí que me dejara hablar con su madre y su abuela, pero agarró el coche y lo primero que hizo fue ir a contarle a su madre. De repente no recuerdo si ella me llamó o yo a ella y fui a verla. Creo que se sintió en parte responsable de mi decisión, porque hubo un momento que contándome sus razones de haberse divorciado, inevitablemente proyecté a su hijo en sus palabras.

Ese día dormí sola en el departamento y puse la película que "mi jefe" me había recomendado: Cartas a Julieta, de nuevo, fue inevitable sentirlo como una más de sus indirectas o señales.

Era la historia justo de una pareja como mí esposo y yo, de repente había otro personaje del que finalmente la protagonista se enamora.

Era domingo 10 de abril y junto con su ayuda, había cargado la camioneta con mis cosas para regresarme a CDMX.

De repente pensé que no tenía a donde llegar, no deseaba regresar a vivir con mis padres, entré en crisis y me puse a llorar. Él lo interpretó como que me estaba arrepintiendo y bajamos de nuevo tooodo. Hice una maleta grande de ropa y el lunes salí hacia la ciudad.

Tenía junta distrital con mi equipo en el Condesa DF, un hotel muy nice.

El ADN de mi RE-Evolución

Inevitablemente recordé que era el cumpleaños de mi abuelo Alejandro y me dio mucha nostalgia.

Me puse a pensar que necesitaba comunicarle a mi equipo que había tomado la decisión de separarme y por otro lado que había viajado con mi jefe posterior al congreso, de todas formas tarde que temprano se enterarían. Según el dicho: "El que nada debe, nada teme".

Necesitaba consultarlo con él. Le mandé mensaje diciéndole que necesitaba coaching urgente, sólo que no me preguntara ¿cómo estás?.

Irónicamente fue lo primero en preguntar. Le platiqué mi inquietud de contarle a mi equipo y me dijo que por él estaba bien. Se me ocurrió decirle que si quería ir a comer con nosotros me daría mucho gusto, me contestó que estaría difícil pero que probablemente llegaría al final de la junta para tomarse algo con nosotros.

La junta transcurrió bastante bien, logré hacerlos reflexionar y sentí que pude motivarlos, era mi objetivo primordial. Casi al final, me confesé, creí que decir la verdad me curaría en salud y evitaría los chismes.

Increíblemente "mi jefe" llegó al final. Algunos de mi equipo tenían que irse y subimos a la terraza sólo algunos. De repente se me ocurrió mencionar que era la fecha de cumpleaños de mi abuelo transcendido y brindamos por él, minutos después de eso se quebró un cenicero a la mitad, fue algo muy extraño.

"Mi jefe" siempre tenía pila para más. Encontramos un lugar de música electrónica abierto en lunes, únicamente fuimos él, una de mis representantes y yo. La verdad yo empezaba a gritar libertad, recuerdo haber bailado de forma desenfrenada. Ese día sentí más cerca a "mi jefe" que en los días juntos en Brasil, obvio sabía que ya había comunicado la decisión.

Al otro día teníamos junta en la oficina, vimos a mi gerente par, la que lleva por nombre uno de mis abuelas. "Mi jefe" dijo que le contáramos de nuestro viaje juntos.

A ella se le ocurrió decir:

- Ya sé, ¡se enamoraron!

El simple hecho de escucharlo me generó estrés, yo ya estaba completamente enamorada aunque no lo aceptaba. Él seguía siendo mi jefe y en ningún momento me había dicho nada claro y de frente. Al final del día la gerente y yo nos fuimos a cenar/beber a un lugar en San Ángel.

De repente dijo:

- Extraño al jefe

Yo voltee y le dije:

- Pues escríbele y dile que venga.

Sinceramente yo me la estaba pasando muy bien, me parece que llevábamos botella y media de vino cuando él llegó.

Necesito relatar historias previas para que tenga sentido lo que estoy por contarte. Será en unas horas, empiezo a tener mucho sueño, ya es la 1:30am.

El ADN de mi RE-Evolución

9 de Junio del 2021, San Miguel de Allende Gto, por la tarde.

Hoy desperté alrededor de las 9:00am con la clara idea de visitar los cerros que están cerca de la cabaña. Bibis me contó que están a 5 minutos en auto. Me entretuve con unos mensajes y llamadas, logré salir 10:30 aproximadamente.

El sol ya estaba muy intenso, así que sólo llegué al pie del cerro y di gracias por la increíble oportunidad de estar aquí, por la alegría de por fin darme el tiempo y espacio para escribir. Agradecí a todos los hombres y mujeres que me precedieron. Amar, honrar y agradecer a nuestros ancestros es parte del proceso de sanación en el que yo creo. El darnos cuenta que aunque a la luz del juicio humano pudieron cometer muchos "errores" a la vez así fue perfecto, de lo contrario, no existiríamos.

Les agradecí haberme sentido cuidada, guiada y sostenida por ellos sobre todo en los últimos 10 años desde que empecé con la idea de hacer este libro. Fueron pocos minutos los que estuve ahí y decidí regresar a la cabaña. Empezaba a prepararme de desayunar cuando me llegó mensaje de Gaby Garmendia, una prima en tercer grado, eso quiere decir que los personajes en común que nos unen son nuestros tatarabuelos, Demetrio Garmendia Barroso y Delfina Villafagne. Nuestros bisabuelos Alfonso y Emilio eran hermanos.

Ella también es fan de la historia familiar, le encanta todo lo relacionado al tema y me ha acompañado tanto a lo que antes era la Residencia Oficial de los Pinos a conocer la Galería Histórica, cómo a Palacio Nacional cuando gracias a un contacto del historiador: José Manuel Villalpando, conseguí nos dejaran entrar al salón de acuerdos, una zona de acceso restringido. Por supuesto fue muy poco antes de que tomara posesión Andrés Manuel López Obrador actual presidente de México.

Hace unos meses junto con Jaime Garmendia, tío en tercer grado. Nieto de Manuel Garmendia, otro hermano de Alfonso y Emilio, organizamos una reunión genealógica por Zoom®, fue increíble; la tecnología unió a personas de Estados Unidos, Ciudad de México, Tapachula Chiapas y me parece que Morelos.

Ahí conocimos a Lety Monroy Chanona. Aunque ya no tiene el apellido Garmendia, es nieta de Delfina Garmendia Villafagne, otra hermana de mi bisabuelo. Mi abuelo Alejandro era su primo, así que también es mi tía.

Antes de desviarme más, Gaby me escribió para decirme que hoy en la madrugada había trascendido la tía Muñeca, así le dijeron toda la vida, yo tuve la dicha de conocerla hace unos años y tendría entre 92 o 93. Los que la conocieron, la recuerdan literal cómo una muñeca, siempre muy arreglada y distinguida.

Me pareció triste la noticia, sin embargo, en agosto cumpliría 98 años y por lo que me contó Gaby ya se la pasaba dormida casi todo el día. Es un hecho que eso ya no era vida.

Lo más increíble de todo esto es que le escribí que fuéramos a visitar a la tía de Tapachula, en la reunión por Zoom® nos contó varias historias, no recuerdo su edad, me parece que ya tiene más de 80. Sigue con una lucidez impresionante y además nos dijo que tenía un baúl lleno de fotos y cartas antiguas.

Habían pasado tal vez 3 o 4 minutos cuando me entró llamada de la tía Lety de Tapachula, no podía creerlo, era como si supiera que estábamos hablando de ella en ese momento. Yo lo interpreto como una clara señal que si es importante irla a ver lo más pronto posible.

El ADN de mi RE-Evolución

En esta semana que ya estoy de nuevo conectada con el exterior es un hecho que me está costando más trabajo concentrarme.

Retomo en la parte donde me quedé ayer. Las dos historias que faltan para conectar con la conversación mi par Gerente y mi "jefe" la noche del 12-13 de abril.

Cuando estaba en la fuerza especialista que manejaba productos para osteoporosis en el bajío, una de las compañeras representantes, en un Congreso en Guadalajara, me presentó a un médico que le parecía muy atractivo. Ella lo visitaba en Mexicali y habían hecho buena relación. Sinceramente cuando lo vi, no me pareció nada del otro mundo.

Pasaron los meses; cuando me promovieron a Gerente, me tocó acompañar a la representante que ahora le tocaba verlo, llamémosle Irene, vaya que me hizo ver mi suerte. Ella había organizado un evento y fui a apoyarla.

Evidentemente estaba el mismo doctor, cuyo nombre se repite en mi familia de forma recurrente. Cuando nos volvimos a saludar le recordé que meses atrás nos había presentado "x" repre, estoy casi segura que no se acordó, pero fingió que sí. En esta ocasión mi visión de él cambió por completo, de haberlo visto bastante promedio, me pareció muy atractivo y creo que no era la única en observarlo.

Terminó la charla del doctor invitado, cenamos y luego un grupo más pequeño nos quedamos a conversar. Yo iba con vestido y zapatos de tacón abiertos.

Desconozco en qué momento observó mis pies y de las primeras palabras que me dirigió fueron:

- ¡¡¡Tienes juanetes!!!

Por supuesto su comentario me pareció poco agradable y fuera de lugar, ahora que lo recuerdo, me da mucha risa. Sin duda es la forma de romper el hielo más espontanea y aberrante que un hombre haya empleado para acercarse.

Discutimos sobre el tema, él es Ortopedista y no tuve mucho argumento para debatir su punto. Al día de hoy no tengo idea si eso es real o no, cómo dejé de usar tacones, ya no me interesa.

En fin, solo recuerdo que la energía que sentía estando cerca de él era inquietante y un tanto perturbadora. Confieso que pocos hombres han tenido la capacidad de hacerme sentir nerviosa, él es uno de ellos.

Siempre me han caído bien las personas del norte, me gusta que sean directos y sinceros, no le dan tanta vuelta a las cosas como las personas del centro o del sur del país y su tonito al hablar desconozco por qué, pero me encanta.

Ahora que lo pienso, me da un poco de vergüenza que mis historias de aventura, la mayoría estén relacionadas a un personaje masculino. Suena horrible, pero mi madre ha llegado a decirme que soy muy "hombreriega" ... Hasta solté la carcajada ahora que lo escribo.

Desafortunadamente el ser un Don Juan, está bien visto, el andar con varias mujeres al mismo tiempo te hace "más hombre", pero aquellas mujeres que nos damos permiso de experimentar con varios hombres nos llaman putas, zorras o cualquier otro adjetivo peyorativo.

Regreso a mi historia con el Dr. Ortopedista. No tengo idea cuantos meses pasaron cuando nos volvimos a encontrar, ahora en un Congreso en Vallarta. Nos reunimos varias personas en un lugar y el decidió alcanzarme ahí. Por supuesto yo seguía casada. Me convenció de salirnos de ahí e irnos a la Bodeguita del Medio, un lugar Cubano con muy buen ambiente, tal vez tomamos uno o dos mojitos y me dijo que saliéramos a caminar al Malecón.

De repente lo tenía encima insistiendo para que nos besáramos, tuve que hacer un gran esfuerzo para no ceder, el hombre me encantaba y no me estaba siendo nada sencillo rechazarlo. Finalmente después de un buen rato de forcejeo y de su cuento de que la vida es aquí y ahora, que disfrutara el momento, etc. etc. etc. Terminamos besándonos apasionadamente.

Empezaba a sentirme fatal. Sólo unos meses atrás; para ser exactos, en noviembre del 2009, (año en el que me casé), fui de nuevo a New York con mi hermana menor y una de sus mejores amigas. Como era mi segunda ocasión y, convengamos que la primera no había podido conocer ni disfrutar gran cosa porque mi ex esposo me traía frita con las fotos y no entramos a lugares que yo quería, ahora no podía permitir que me sucediera lo mismo.

Mi hermana en ese momento de la vida se tomaba las cosas con mucha calma, podía tardarse horas en una tienda y le dio por querer fotografiar toooodooo, la comida, el árbol, la hoja de maple, etc. etc. etc. Reconozco que yo estaba muy poco tolerante y en pleno Central Park nos encabronamos por sus múltiples escalas. Decidí irme por mi lado, ya no tenía ganas de estar negociando, condescendiendo y esperando para poder hacer lo que yo quería.

Ella había comprado dos abrigos. Me prestó uno para que no me muriera de frío y así le ayudaba también a no cargarlo. Tal cuál cómo niña chiquita y berrinchuda, me quité el abrigo y prácticamente se lo aventé. Me fui muy digna en sentido contrario y por supuesto empecé a sentir frío. Minutos después caí en cuenta, que ya no tenía crédito en el celular, ni llave del hotel, llevaba poco efectivo y faltaba poco para anochecer.

Pudo más mi dignidad, que regresar corriendo a alcanzarlas. Me fui caminando rápido para quitarme un poco el frío. Mi curiosidad me llevó a detenerme en una calle cerca de Broadway dónde había varios chicos con bicitaxis, una de ellas estaba volteada hacia arriba, me llamó la atención cómo la estaban arreglando. De repente uno se percató que los observaba, e inició el diálogo diciendo que si quería un tour por Nueva York. No recuerdo de dónde era, pero hablaba inglés. Decidí acercarme a preguntar el precio, de entrada, rechacé la oferta por las razones que acabo de contar. Llegó un momento en que me lo dejó tan accesible, que fue imposible decir no.

Era un chico bastante guapo, no solo físicamente, sino lindo y atento. Me pareció una buena idea tener un guía en lo que resolvía cómo reencontrarme con mi hermana y su amiga.

Desconozco cuanto tiempo pasó, fuimos a Central Park, me llevó a conocer una Juguetería espectacular y no recuerdo en qué momento me tomó de la mano, aunque se sentí muy extraña, no me solté. Mi deseo de aventura y adrenalina normalmente me han hecho rebasar muchos límites, algunas veces me he sentido profundamente avergonzada y arrepentida.

Ya había caído la noche cuando fuimos al Rockefeller Center, en esa época del año montan una pista de hielo increíble. De repente él se empezó acercar más, más y más ... cuando estaba por darme un beso, yo me sentí observada.

Voltee para atrás y ¡¡¡taraaaan!!! ... mi hermana y su amiga estaban viendo la escena a pocos metros. ¡Casi me da el infarto!

Por supuesto nunca le dije a este hombre que estaba casada, yo estaba feliz disfrutando del momento. Al ver a mi hermana caí de mi nube de fantasía y regresé de nuevo a la realidad. Él y yo nos movimos de ahí y el siguió insistiendo en besarme posterior a enterarse que estaba casada, yo ya no pude. Me sentía muy culpable. Lo que había iniciado cómo un juego, terminó siendo un problema. No es que me diera miedo mi hermana ni nada por el estilo, pero el hecho de que yo estuviera casada y me viera en esa situación consideraba que no era nada positivo.

El ser tres hermanas mujeres ha tenido muchos asegunes. Mi madre inconscientemente nos ha hecho competir, por muchos años decía que yo iba para modelo profesional (sólo porque en un momento llegué a tomarme una sesión de fotos profesionales para armar un Book y participé como edecán en algunos eventos), mi estatura es mayor al promedio de mujeres mexicanas, jamás participé en alguna pasarela ni nada por el estilo. ¿A qué viene todo esto? Que para mi madre, la imagen, en particular la delgadez; es algo muy relevante. Mi hermana mayor y menor han tenido que hacer dietas una parte importante de la vida y siento que eso fue algo no lindo que mi madre siempre destacó de mi, el ser "alta y delgada".

Incluso mi madre nos ha clasificado de tal forma: la mayor es la bonita, la menor la guapa y yo la atractiva. Considero que etiquetar a las personas puede jugar en contra para su autoestima.

Decidí despedirme del chico y reunirme de nuevo con mi hermana y su amiga. Fuimos a cenar y aunque no fue sermón cómo tal, mi hermana si me hizo sentir que no estaba bien mi comportamiento yo era "una mujer casada".

Regresando a México tal vez pasaron 10 días cuando mi consciencia me hizo confesarme con mi esposo, a pesar de que en estricto sentido "no había hecho nada" al mismo tiempo había sido desleal. Un día en la noche me confesé, me sorprendió que lo tomó extrañamente muy a la ligera, no recuerdo haberlo visto enojado, tal vez un poco desconcertado, únicamente me pidió que no volviera a pasar.

En del enero del 2010 me fui a Miami con la idea de portarme muy bien. A penas iba caminando para encontrar mi maleta, cuando un hombre muy atractivo me preguntó el número de vuelo en el que habíamos llegado, de forma amable se lo di, quise seguir mi camino sin detenerme hacer más plática. Las maletas se tardaron mucho en salir y de nuevo lo tenía al lado haciéndome plática. No podía creer, de verdad acababa de llegar y ya estaba conociendo a alguien.

Finalmente salieron las maletas, ya le había contado que venía a reunirme con dos amigas y de repente se ofreció a llevarme, me dijo que su camioneta estaba estacionada ahí en el aeropuerto y que iba "al mismo rumbo". Me había caído bien, me parecía un tipo serio y formal así que decidí aceptar el ride.

En el camino me empecé a poner un poco nerviosa, era de noche y el freeway estaba muy obscuro y con pocos autos. ¿Y si me hacía algo?, ¿si decidía llevarme a otro lugar?, nadie tenía idea de dónde encontrarme. Todavía no existía la opción de enviar tu ubicación en tiempo real ni nada.

Algo mencioné que era demasiado confiada y que finalmente no lo conocía. De repente sacó de su cartera una foto, eran de sus hijas, me dijo algo parecido a:

- Sé respetar a las mujeres, ellas son mi vida.

Confieso que me tranquilizó, literal me dejó en la puerta del apartamento donde mi amiga se estaba quedando y me dijo cómo encontrarlo en Facebook, la verdad no lo hice; probablemente también me dio su tarjeta, se dedicaba a las máquinas que se instalan en los casinos, la verdad no vi razón para seguir en contacto. Agradecí haber llegado sana y salva a mi destino.

Regreso a la historia del Dr. Ortopedista. Después de besarnos apasionadamente, me insistió para acompañarme a mi hotel, la verdad yo no quería, sabía que corría riesgo. Nos quedamos en los camastros de la alberca, yo me negaba a dejar que me acompañara hasta mi cuarto. Seguimos platicando de mil y un cosas. Llegó el momento en que ya empezaba a tener mucho sueño, faltaban pocas horas para que amaneciera y al otro día necesitaba trabajar.

Algo que debo reconocerle es que tiene un alto nivel de persistencia, no descansó hasta que me acompaño a mi cuarto, advertido que no lo dejaría entrar. Al ser Gerente ya tienes habitación sola, así que nadie estaría en el cuarto. Llegamos a la puerta y cómo era de esperarse, entró conmigo; no contaba con que era doble puerta, había un pequeño pasillo en el inter a mi cuarto, los besos y caricias subieron de tono y mi sentimiento de culpa también iba en aumento, en varias ocasiones le dije que estaba casada con un hombre maravilloso y que no se merecía que yo le hiciera eso, por supuesto le daba igual, él estaba acostumbrado a "vivir el momento" y al parecer; el que yo me resistiera tanto, le generaba más deseo.

Logré sacarlo de ahí y quedarme sola. Minutos más y seguramente no habría tenido las fuerzas para seguir resistiendo, era un hecho que me excitaba muy cabrón y la fuerza de voluntad se me estaba agotando.

A las horas me escribió para saber cómo estaba, aparte de la cruda física, tenía cruda moral. De nuevo había fallado en mi promesa de fidelidad matrimonial. Regresé a mi vida "normal", con mi esposo y el trabajo del día a día. En máximo dos semanas, volví a confesarme. No podía con el cargo de conciencia y tuve que sacarlo.

En esta ocasión él lo tomó diferente, no era un chavito que manejaba una bicitaxi en NY y que difícilmente volvería a ver. Era un hombre, médico especialista con el que evidentemente me había enganchado.

Decidió salir al balcón y estuvo ahí entre 20-30 minutos. Yo no tenía idea que tanto pensaba y mucho menos que me diría. Cuando decidió entrar de nuevo, me hizo una serie de preguntas, algunas de las que recuerdo:

- ¿De dónde es?

- ¿Te interesa más que yo?

- ¿Me dejarías por él?

Le contesté que por supuesto no me iría con él, que simplemente había sido una atracción física fuerte y ya. Por segunda ocasión, decidió perdonarme y olvidar el incidente.

Estamos a escasos 12 minutos de que termine el día 9 de junio, en la madrugada tendrá lugar un eclipse solar anular, no será visible en territorio mexicano, sin embargo la energía que se estará enviando a la tierra es bastante fuerte.

Buscando algunas fotos para referencia de fechas, me encontré con un documento que no tenía idea de haber guardado. Resulta que es un documento que me envió mi ex marido con fecha del 1 de Julio del 2011 en el que expone los motivos de nuestro rompimiento y solicita la nulidad del matrimonio religioso. Estoy dudando en copiar lo que él describe como problemas fundamentales, la verdad es que leerlo me dejó movida emocionalmente.

El ADN de mi RE-Evolución

El leer con sus palabras que para mí era mucho más importante el éxito profesional antes que el ser mujer, esposa y pensar en formar una familia, aún no termino de entender que me generó; sin embargo, él tenía muy claro que yo había seguido el patrón de mi padre. Habló de que cuando teníamos relaciones, me gustaba fantasear con otras personas y que eso le hizo pensar que no me era importante estar con él; en fin, una serie de argumentos que si bien en todo momento fueron respetuosos, me generaron cierto dolor e incomodidad.

Hoy, después de una transmisión en vivo de Tribu De Mentes, que me ayudó a mejorar mi estado de ánimo, tuve una llamada con B.M.

Quise que hiciéramos videollamada para poder regalarle aunque sea de forma virtual, el atardecer que desde donde estoy, se aprecia increíble.

Tuvimos una llamada de más de hora y media. Después de eso, ya no tenía ni tantitas ganas de escribir; pero a la vez, es una realidad que me ayuda a plasmar lo que siento y liberarlo.

Ya había comentado que me cuesta mucho entender que le dedique tanto tiempo al trabajo, sobre todo si eso implica dormir menos horas de las recomendadas, dejar de comer o comer mal, dejar de hacer ejercicio, tener poco tiempo disponible para esparcimiento, etc. En resumen inclinar la balanza fuertemente a un área de su vida, descuidando el resto.

Hoy me dijo algo que de verdad me puso profundamente triste.

- Cómo no puedes aceptar que sea cómo soy, probablemente no me amas.

Reconozco que me dejó helada, sin duda yo he expresado en varias ocasiones que lo amo y admiro profundamente muchas de sus cualidades como ser humano; sin embargo, me sigo peleando por su alta necesidad de entregarse por completo al trabajo.

Tiene un punto. Bien dicen que si amas a una persona debes aceptarla y respetarla tal cual es. Y aunque B.M. considero que lo hace bastante bien conmigo; yo me descubro en muchas ocasiones estando en contra de lo que hace, dice y juzgando sus decisiones.

Llore mucho y le dije que me dolía profundamente saber que seguía activando su herida eterna; "no ser suficiente", que lejos de sentirse amado, se sintiera juzgado.

Aún no se si verdaderamente podamos reconciliar nuestras diferencias, me quedó muy claro que él disfruta dedicarle gran parte de su vida a trabajar, que es el regalo que me ofrece para que yo pueda hacer y deshacer a mi antojo sin preocuparme por producir "X" cantidad de dinero.

Colgamos hace más de una hora y me sigo sintiendo súper triste, reflexiva y un tanto confundida. ¿Será que estamos neceando al querer estar juntos siendo tan distintos?, ¿podré amarlo incondicionalmente?, ¿realmente aporto o mermo su felicidad?, ¿mi conflicto con el trabajo es una huella que sigo arrastrando de lo que viví con mi padre?

Muchas preguntas, ninguna respuesta. Ya llevo 10 minutos del día 10 de junio, ya no deseo seguir escribiendo. Por ahora es todo.

El ADN de mi RE-Evolución

10 Junio 2021, San Miguel de Allende, Gto.

Hoy es de esos días que sentí levantarme con el pie izquierdo. Por primera vez desde que llegué aquí, logré despertarme a las 7am. ¡Maravilloso! pensé, puedo ir al Escondido Place, un lugar de aguas termales que mi prima me recomendó mucho.

Me salí al techo de la cabaña para ver si alcanzaba a presenciar el amanecer, amo ver la salida y puesta del sol. Me di cuenta que ya casi no tenía agua el tinaco y bajé a prender la bomba, al subir un escalón me golpee fuerte el dedo gordo del pie izquierdo. Pasaron varios minutos y no se escuchaba caer agua, prendía la bomba, la apagaba, abrí la perilla para purgarla, en fin todo lo que se me ocurrió.

B.M. me escribió y quiso ayudarme a la distancia pero no fue posible. Le escribí a mi padre e incluso hicimos video llamada para ver si podía decirme que hacer, aparentemente todo estaba bien. Ya habían pasado tal vez dos horas yo ya estaba bastante frustrada y enojada. Hasta que te falta algo percibes el gran valor que tiene. No tener agua me puso de muy mal humor y deserté el plan de ir a las aguas termales. Se me ocurrió revisar el nivel de gas, al parecer ya también tenía muy poco. Quedarme sin agua y sin gas al mismo tiempo, no ayudaría a mi paz mental.

Finalmente le escribí a mi prima, me pasó el contacto de la dueña y horas más tarde vino un joven que pudo solucionarlo de manera "sencilla". Pedí que vinieran los del gas y juré que no llegarían tan rápido, estaba por meterme a bañar cuando en el piso alcancé a ver un escorpión; me asusté mucho, pude haberlo pisado sin zapatos. Tomé valor y lo maté. Por fin pude meterme a bañar, con la consciencia de renovar mi energía y cortar la serie de eventos poco gratos de ya casi mitad de día. Justo estaba secándome, cuando escuché que llegaron los del gas, parecía que el universo estaba jugando conmigo y yo desconocía las reglas.

Tuve que vestirme súper rápido y salí abrirles.

Finalmente pude ponerme a cocinar, comí y ya están por dar las 4pm.

Tengo conocimiento que el eclipse solar está moviendo mucho a nivel energético, celular, inconsciente, etc. En este momento ya me siento un poco más tranquila, aunque aún no logro recuperar el buen ánimo por completo.

De repente siento que ya dejé varios capítulos inconclusos, que he abierto mil y un historias y no termino de cerrarlas, probablemente por eso me ha costado tanto avanzar en los últimos años, el seguir trayendo el pasado al presente me está dejando de parecer buena idea.

La última historia antes de regresar al bar de San Ángel fue en unas juntas en Hacienda Jurica, el lugar donde fue mi sesión de fotos previa a la boda y "mi noche de bodas".

Era enero del 2011, el último día la fiesta final antes de regresarnos. Para los que han trabajado en farma, sabrán que muchas de las convenciones y juntas son un momento en el que se presta para que los empleados se relacionen "de otras maneras".

En esa ocasión estábamos despidiendo al Director de Retail, un argentino muy guapo e inteligente que por cierto le encantaba a mi par Gerente, llevaban años de acercamiento y coqueteo sin concretar nada. Sólo un mes atrás en Juriquilla yo tomé su celular y logré que acordaran un encuentro.

Estábamos en la fiesta, la verdad yo ya con varias copas encima. Mi "jefe" era súper fiestero y muy divertido, le encantaba ser el alma de la fiesta. El Director, su jefe, mucho más serio y mesurado. La fiesta estaba muy divertida, nos tomamos muchas fotos y de repente no recuerdo bien cómo empecé a platicar con el Director. Llegó un punto que salimos de la fiesta y me dijo que se estaba quedando en otro hotel pero que le daba temor irse manejando con el grado alcohólico, me pidió si podía quedarse en mi cuarto. ¿Qué hice? Caí estúpida e ingenuamente, dije que sí, parecía "inofensivo".

Literalmente no me dejó dormir, fue una lucha eterna. Él intentando convencerme y yo resistiéndome. Ahora que lo escribo, ya son varias veces los momentos en mi vida que he tenido que pasar por situaciones así. En esta ocasión no es que el hombre no me gustara, en realidad se me hacía bastante atractivo, tal vez muy "lindo" para mi estilo. Más allá de eso, eran muchos factores lo que me impedían ceder a su insistencia: estaba casada, a mi "amiga" compañera Gerente le encantaba, estábamos en el mismo hotel dónde fue mi noche de bodas, era el jefe de mi jefe, por mencionar algunos detalles.

Al otro día temprano, se fue.

De nuevo, yo sintiéndome fatal; tonta e ingenua es poco. En esta ocasión ya no pude ni quise confesarme con mi marido, habían sido varias situaciones muy similares en poco tiempo. ¿Qué señales me estaba enviando la vida?, ¿Qué de mi naturaleza seguía ocultando?, ¿Qué necesitaba aprender?

A la que no puede ocultárselo, fue a "amiga" Gerente. Evidentemente no lo tomó nada bien. Aunque este hombre era casado y con ella había tenido una "aventura" su vínculo emocional era mucho más fuerte

Ahora sí, regreso al día en que estábamos ella, mi "jefe" y yo en el Capicua® de San Ángel. Llegó un momento en que ella ya estaba bastante pasada de copas y empezó a insinuársele a él de forma muy directa.

Horas antes ella y yo platicamos y estoy casi segura que acepté que me llamaba mucho la atención. De repente, salió a la plática que estábamos por asistir a un evento en Veracruz. A ella, le pareció buena idea decir que iría un doctor con el que yo había tenido "algo".

Está súper mal visto que cómo Representante o Gerente, te involucres con los médicos, finalmente son nuestros clientes. No recuerdo que comentó él. Para rematar, ella mencionó mi noche con el Director.

Ahí si vi la cara desencajada de mi "jefe", solamente dije que no había logrado nada …

Él preguntó

- ¿Qué si logró?

Mi nivel de alcohol no me permite recordar más de la conversación, se que a partir de ahí yo no dije casi nada.

Estúpidamente me fui manejando de regreso a casa de mis padres, esa noche me esperaba mi ex marido afuera, había tenido vuelo y pernoctaba en México, la verdad no tengo idea que platicamos, era de madrugada y yo no tenía muchos ánimos de verlo.

Empezaba el cumpleaños de mi madre y yo me sentía emocionalmente devastada.

De alguna forma creía que la buena imagen que mi "jefe" tenía de mí, se había desmoronado. Me fui con esa sensación a dormir.

Al otro día me sorprendió leer un mensaje suyo muy lindo:

- Hoy hace un año entró a mi equipo una persona de la cuál he aprendido mucho y me alegra que haya decidido aceptar.

El ADN de mi RE-Evolución

Palabras más, palabras menos. Recibir ese mensaje fue muy significativo, me ayudó a relajarme y creer que para él, seguía siendo valiosa.

Mi respuesta fue algo así:

- Gracias por la oportunidad, sin duda te has convertido en un personaje importante en mi historia, te agradezco la confianza y todo el aprendizaje compartido.

Horas más tarde, desconozco por qué, me invitó al cierre de un Coaching de Gerentes en un lugar en San Jerónimo.

Me parece que comí con mi madre y al poco tiempo tuve que irme. Al llegar coincidí con su nuevo Director; un hombre que fue jefe de mi hermana años atrás y al cuál le tenía alto aprecio y admiración.

Llegué prácticamente al brindis, tal vez era yo, pero veía a los demás desconcertados de mi presencia. Sinceramente no tenía sentido que yo estuviera ahí.

Desde que había regresado de Brasil prácticamente no había parado, habían sido días de trabajo y desvelo.

Mi ex marido seguía desconsolado, me enviaba mensajes, me llamaba innumerables veces, me mandó flores, le pidió a mi sobrina Pry que escribiera una cartita; en fin, estaba tratando por todos los medios de hacerme cambiar de opinión. Me generaba molestia, me sentía invadida, sentía que no estaba respetando mi decisión y eso en vez de acercarme, me alejaba más.

Llegó el día de irme a Veracruz, efectivamente iba el Dr. Ortopedista, aquél con el que había dejado un capítulo abierto. Volverlo a ver, reactivó la atracción y el deseo. En esta ocasión yo ya estaba separada, así que la última noche de la junta, fue la primera ocasión que me di permiso para estar con él.

La pasamos increíble y pasé la noche entera con él.

Ese mismo día fuimos a conocer un lugar a menos de una hora del puerto, una casa dónde vivieron Hernán Cortés y Marina, mejor conocida como la Malinche. Yo claramente ya estaba eufórica, de repente de ser mucho más seria y correcta, me daba por ser mucho más platicadora, menos racional, empezaba hablar de temas que a muchas personas le sacaban de su centro.

También fuimos a unas ruinas arqueológicas, en general yo me sentía súper feliz. De regreso al hotel, lo sentí raro, al llegar él se fue al aeropuerto para volar a Mexicali y yo me quedé un poco más de tiempo a disfrutar del mar. Incluso creo que perdí mi vuelo. Hace mucho que no me sentía con tanta capacidad de disfrutar de la vida.

Pocos días después de haber estado juntos, me habló para decirme que estaba con alguien. ¿Qué?, ¿es en serio que no me lo pudo decir antes?, me pareció una jugada sucia, yo le había contado que me había separado y él podría haberme contado de su situación, es casi seguro que me habría dado igual.

Él decidió callar y hasta después, confesar. Evidentemente me enojé y le dije que lo hecho, hecho está, pero que no sabía si podría, o quería estar de nuevo con él.

Uno de los siguientes días, mi "jefe" me pidió que saliéramos a trabajar juntos, ya no recuerdo con cuál de mis representantes hicimos las visitas en conjunto.

El ADN de mi RE-Evolución

Todo iba "bien" hasta que después de comer me comentó algo importante. Se estaba llevando a cabo un proceso de Succession Plan, eso quiere decir una posición en la que participan personas que están listas para cubrir el puesto dentro de la empresa.

Era una Gerencia de RRHH de primer nivel. Eso a nivel organigrama, significaba un puesto antes de una dirección, por supuesto, más sueldo, mejor coche, prestaciones, etc. etc. etc. Me contó que él me había propuesto, y ¿que si estaba interesada?

Seguramente nunca esperó mi respuesta: le dije que no, que de hecho estaba pensando seriamente en dejar la empresa.

Su cara de desconcierto fue muy clara. Hasta dónde él me conocía yo era una mujer de "retos". Él creía que yo deseaba seguir subiendo en el organigrama, el problema es que para ese momento mi nivel de involucramiento emocional con él era más importante y prefería salir de la empresa para tener alguna oportunidad de iniciar algo personal.

Mi respuesta lo tomó por sorpresa. Mi comportamiento en la empresa había sido de un alto desempeño, alto nivel de competencia y hasta hace poco, un claro deseo por seguir escalando en posiciones.

Por supuesto la pregunta siguiente fue:

- Y si puedo saber, ¿por qué no te interesa?

La respuesta más sensata que se me ocurrió fue:

- Por qué ya me cansé de demostrar.

- Ya me cansé de demostrar que soy "la hija perfecta", "la empleada perfecta", ya no puedo ni quiero seguir así. Estoy agotadaaaa.

En teoría le pareció razonable mi argumento. Me preguntó que cuál era mi plan, era evidente que no tenía plan.

Me pidió que por favor no lo comunicara todavía, que el proceso estaba en marcha y que en este momento no podía decir que siempre no me postulaba. Decidí aceptar su petición.

Casi para despedirnos, se le ocurrió decir algo que fue un fuerte golpe al hígado:

- Ahhh … ¡por cierto!, te aviso que acaba de llegar mi ex jefe a México, por si le quieres llamar.

Su ex jefe es con el que había tenido "casi algo".

Yo lo voltee a ver con cara entre enojada, ofendida, desconcertada y probablemente contesté:

- Gracias por la información, pero no me interesa.

Para ese entonces ya estaba rentando un departamento en Polanco; podría decir que era un sueño de departamento. Los pisos de madera, en un cuarto piso con una vista espectacular, etc.

Recuerdo haber llegado al departamento sintiéndome con el estómago revuelto, me dolió muchísimo que mi jefe simbólicamente me estuviera lanzando a los brazos de otro hombre. Lloré de enojo, frustración y de sentirme completamente derrotada. Ya no entendía nada, por un lado seguía sintiendo esa fuerte compatibilidad, atracción, complicidad que vivimos en Brasil y por el otro, de nuevo sentía que se había alejado kilómetros y ahora empezaba con otro de sus "juegos".

El ADN de mi RE-Evolución

Para ese momento yo ya estaba claramente enamorada de él, aunque había tenido mi aventura con el doctor, no se comparaba ni tantito con mi proyección hacia él.

En la parte más elevada de mi manía, llegué a decir que había encontrado no sólo al amor de mi vida, sino al amor de mi eternidad.

Ese día me dormí con una fuerte incomodidad, no sabía descifrar exactamente que era.

A la mañana siguiente amanecí mal, no tenía hambre, completamente desganada y con náusea y asco. El trabajo me parecía un sin sentido, no quería hacer nada que tuviera relación. Me empezaba a valer madres por completo.

Llegó un momento en el que mi malestar fue tan fuerte, que terminé vomitando bilis. Si lo has vivido, sabes de lo que hablo. Es de las cosas más desagradables, vomitar en sí es de las cosas que más detesto, pero este tipo de vómito; es realmente asqueroso.

Evidentemente después de eso, me sentí un poco mejor.

Decidí que ya no podía seguir así, que ya estaba hasta la madre del jueguito estúpido de poder en el que habíamos caído, me rendí, me di por vencida. Me puse a redactar un correo, me gustaría haber guardado una copia, pero no fue así. Recuerdo haberme inspirado y darle a entender de manera sutil lo muy importante que se había convertido en mi vida.

Pasaron varias horas y no tenía ni media respuesta de su parte … Nada, nada, naaaadaaaa.

Mi paciencia se había agotado, es un hecho que mi oxitocina estaba muy alta, mis niveles de serotonina, dopamina, noradrenalina, etc.

estaban o muy altos o muy bajos dependiendo el caso. Yo no "pensaba" simplemente sentía y actuaba.

En mi desesperación por una respuesta, le mandé mensaje al celular, ese si me lo contestó, dijo que había leído mi correo pero había estado en juntas y no había podido contestar. Le pedí que me llamara en cuanto se desocupara. Evidentemente en el día no tuve ni medio minuto para pensar en el trabajo. Estaba obsesionada con obtener respuestas y dejar de sentirme cómo me sentía, completamente fuera de control, desequilibrada, nerviosa, ansiosa, estresada, etc.

Me marcó por la tarde. Le pedí, o más bien le exigí que nos viéramos para cenar, ya me valía que fuera mi "jefe" yo necesitaba hablar con la persona fuera de ese personaje. Incluso le dije que pasara por mí.

Era obvio que estaba harta de la situación, necesitaba enfrentarlo y tener claridad de cuáles eran sus intenciones, ya me había fastidiado el juego arriesgado y a la vez absurdo en el que caímos. Por un lado creí que el que se hubiera enterado de mi interés por el doctor y de la escena con su ex jefe, me quitaban esa supuesta "inocencia" que él creía de mi, a la vez era un poco como haberle regresado los celos que me había hecho sentir con las múltiples mujeres de las que llegó a contarme.

El punto es que ya había rebasado todos mis límites. La estaba pasando muy mal y claramente se notaba en mi salud mental y emocional.

Pasó por mí en su BMW nuevo y fuimos a un lugar llamado Bassa en Polanco; bastante romántico por cierto. Cómo siempre platicamos de todo un poco sin llegar al centro ni al objetivo que deseaba.

El ADN de mi RE-Evolución

Llegó un momento en que inicié él interrogatorio. De una u otra manera me había estado dando bastantes señales que por supuesto habían hecho que yo me pasara una película en la cabeza.

De forma muy inteligente me iba contestando todas y cada una de mis preguntas, ya sea evadiendo o saliéndose por la tangente, de nuevo empezaba a desesperar, no lograba que me dijera nada claro y directo. Después de varios intentos fallidos, dije:

- Olvídalo, me queda claro que no me vas a decir nada.

Su respuesta fue:

- A ver Selene ... ¿Qué quieres saber?

Sin pensarlo, contesté:

- Mmm ¿Qué sientes por mí?

Su respuesta de nuevo desconcertante:

- Mucho respeto, admiración, aprecio y ... MIEDO.

No tengo idea que cara haya puesto cuando me dio su respuesta, sin duda el escuchar que me tenía miedo fue lo que más me impactó.

El que la persona que me estaba generando tantas cosas internas me dijera eso, era lo que menos hubiera querido escuchar.

- ¿Miedo?, ¿Por qué miedo?

- Pues porque eres una mujer fuerte, independiente, autosuficiente, bla, bla bla, bla blaaaa.

Mi traducción tiempo después: le dio pánico que sin tentarme tanto el corazón haya decidido terminar mi matrimonio, es muy probable que se proyectó y sintió que podría hacerle lo mismo.

Nunca aceptó que estuviera enamorado de mi, ni mucho menos. Era evidente que le gustaba y seguramente pudo verme como uno más de sus retos … No lo sé, tal vez nunca lo sabré.

Salimos del restaurante y en lo que pedía el coche me preguntó:

- Y, ¿Qué esperas después de esto?

Mi respuesta:

- Nada, simplemente quería saber que no me estuviera pasando una película diferente a la tuya.

Me parece que era jueves, el viernes estuvimos en contacto por mensaje y lo sentía mucho más cercano que antes.

Incluso llegó a preguntarme que cuáles eran mis planes para el fin de semana, remotamente pensé que me invitaría algún plan. No fue así, solamente empezó a estar más presente y ya de forma personal y no laboral.

A los pocos días fue mi cumpleaños, no recuerdo ningún detalle en particular. Me parece que me felicitó pero hasta ahí. Ilusamente esperaba unas flores, una invitación, algo. De nuevo, nada.

Organicé ir a cenar con unos amigos de la misma empresa y por supuesto mi tema central era él. Me comentaron una teoría que por supuesto no había cruzado por mi mente. Mi "jefe" era gay.

Por un momento me negué a creerlo, pero luego los argumentos fueron sustentando la teoría y claramente eso explicaría porque en el viaje a Brasil no había intentado nada. Yo me sentía irresistible y el que él fuera gay, ayudaba a entender su falta de acercamiento.

El ADN de mi RE-Evolución

A los pocos días me iba a un congreso a Cancún, de nuevo asistiría el médico de Mexicali.

Ahora me había obsesionado con la posibilidad de su preferencia sexual y de repente me empecé hacer otra película en la cabeza.

En semana santa habíamos ido juntos a ver el viacrucis en Ixtapalapa, ¿cómo llegamos a ese plan? No recuerdo, el punto es que fue de las cosas más bizarras que hicimos juntos, resulta que él de pequeño había vivido en una casa de la que se alcanza a ver la representación. De repente estábamos tumbados en la azotea viendo al cielo y sintiendo una fuerte atracción, pero ninguno se aventaba a dar el primer paso.

Ese día me dijo que estaban por promoverlo a otro país. Que su madre quería que ya se fuera casado, pero que él quería una mujer inteligente, intrépida, arriesgada y no recuerdo que más características mencionó, literal, era como si estuviera describiéndome.

En base a lo que me dijo ese día y junto con la teoría de su homosexualidad, caí en la teoría que quería usarme de pantalla, necesitaba una mujer que lo acompañara en su puesto directivo y que lo hiciera quedar bien pero únicamente cómo títere. Empecé de nuevo a llenarme de mucho enojo.

Era un hecho que emocional y mentalmente estaba muy alterada. Me parece que en el camino al aeropuerto le llamé a mi madre y al contarle mi teoría; lejos de ayudarme a descartarla, me contó que mi padre era gay. No que lo creía, ¡que estaba segura!. Fue muy doloroso creer que mi padre hubiera utilizado a mi madre para armar un teatro de su vida.

Estando en el aeropuerto mi "jefe" me marcó, yo la verdad no tenía ganas de hablar con él. Recuerdo haber sido un tanto cortante, todavía se le ocurrió decirme:

-   ¡Te portas bien!

Internamente pensé, ¿Qué le pasa?, no somos nada y ¿ya me está pidiendo que me porte bien? Lo sentí total y absolutamente fuera de lugar.

Respecto al Dr. Ortopedista, olvidé un detalle importante. Resulta que cuando salí a trabajar con la repre que lo visitaba, medio sospechaba que habíamos tenido algo que ver.

En una salida a campo ella me dijo:

- ¿Pero si sabes, no?

- ¿Qué sé, qué?, ¿Qué está con alguien? Sí, ya lo sé.

Después de hacer una pausa, me dijo:

- No …. ¡que se acaba de casar!

Uff si me cayó como balde de agua helada, resulta que el fin de semana que me habló para decirme que estaba con alguien, ese fin de semana se casaba. Todavía se atrevió a enviarme mensajes y coincidía con sus días de luna de miel.

No cabe duda que me había topado con un lobo de mar.

Sabía que iba estar en Cancún y me había dicho que me quedara con él. Por un lado si me daban ganas; pero por el otro, me parecía increíble su cinismo.

De nuevo sin pensarlo mucho, terminé por llegar y quedarme con él. Antes de que pasara algo, le dije que ya sabía todo y que había decidido verlo conociendo la situación, pero que no me estaba haciendo pendeja, que sabía perfecto a que iba.

Según él, ese día tenía planeado contármelo, la verdad, ya no era relevante.

No sé de dónde, pero había sacado una teoría que gran parte de los problemas existenciales de todos, tenía que ver con nuestra relación con la mujer que nos trajo al mundo, por supuesto, nuestra madre.

Si ella nos amaba y aceptaba tal cuál somos, sería mucho más sencillo encontrar nuestro lugar en el mundo.

Tuvimos sexo maravilloso, a la vez platicamos mucho y seguro me alucinó por todos los cuestionamientos que le hice.

Para esos momentos yo ya estaba súper acelerada, revolucionada, me había enfrentado a mis padres, había estado cuestionando e investigando sobre mis ancestros. Dormía poco, casi no comía, mi mente giraba a 1,000 por hora, se me ocurrían millones de ideas, etc.

Me había dado cuenta que estudiar Administración de Empresas definitivamente no había sido mi decisión, que casarme, no era algo que realmente anhelaba y que prácticamente me la había pasado cumpliendo sueños y expectativas que no eran las mías.

Estaba dejando de ser la "niña bien portada", obediente, que sabe cumplir reglas y seguir órdenes, la ejecutiva exitosa que sólo le importaba continuar creciendo en el escalafón organizacional y comenzaba a ver la vida con una óptica completamente diferente.

Es como si me hubiera ido a Brasil con el hemisferio izquierdo al 100 y el hemisferio derecho completamente apagado y de repente regresé completamente al revés.

Ya no pensaba ni analizaba las cosas, simplemente actuaba, la emoción le ganaba siempre a la razón, me dejaba llevar por mi intuición, veía la vida con mucho más color, aumenté mi consumo de alcohol, me daba por hablar de forma desbordada, y mi instinto sexual estaba mucho más despierto.

Las personas que conocían el antes y después si podían espantarse del cambio tan radical que estaba viviendo.

Al otro día "trabajé", aún no puedo recordar de dónde comencé a decir que las medicinas no servían para nada, que te "componían algo" y descomponían otras cosas. Creía que debíamos regresar a los remedios naturales, me empezaba a parecer completamente absurdo estar ahí. Empecé a decir que las medicinas sólo te dopaban, pero que eras un muerto en vida.

Dentro de todo, sabía que mi presencia en la empresa no hacía bien. Yo ya no podía "fingir" y hablar maravillas de los productos en los que había dejado de creer.

Entré en conflicto y decidí escribirle a mi "jefe", le dije que me urgía hablar con él, quería contarle lo que estaba pensando. Sabía que le había prometido no decir nada de mi salida al menos 15 días, pero estaba siendo insostenible.

Su respuesta fue:

- Estoy en Mérida, así que tienes dos opciones: por teléfono o que vengas

Él estaba trabajando allá.

¿Mi respuesta? Creo que es obvia:

- Voy a Mérida.

El ADN de mi RE-Evolución

En primera instancia pensé en irme manejando, le pedí a mi tío Sergio (hermano de mi madre) que me prestara su coche, afortunadamente por la razón que sea, se negó.

Me fui a la central de camiones y compré la salida más cercana. En teoría, mi principal objetivo era hablarle de mis conflictos de interés y de mi nula capacidad para seguir ejerciendo mi puesto. Por otro lado, sentía que si era gay le diría que no me importaba, que fuera de la manera que fuera, quería estar presente en su vida.

Me llevé una bolsa de mano grande donde iba mi pijama, probablemente una blusa y un cepillo de dientes.

Lo esperé en el lobby del Fiesta Americana® dónde se quedaba. Mientras llegaba, por que había ido al teatro, decidí tomarme uno o dos tequilas dobles, necesitaba tomar valor.

Finalmente llegó, nuestra plática fue de todo, menos del tema por el que inicialmente quise verlo. Pasados varios tequilas me atreví a contarle la teoría de que algunos en la empresa pensaban que era gay, por supuesto se rió y dijo que era lo único que le faltaba.

Por un lado me alegraba saber que no lo era, pero al mismo tiempo me agobiaba que ahora si compartiría habitación con él.

Nos fuimos al cuarto y sin entrar en detalles, esa noche me demostró que no era gay. Recuerdo haberla pasado bastante bien.

Al otro día, desperté y me atacó la incertidumbre. Me sentí mal, había roto la promesa conmigo misma que no me volvería involucrar con un jefe.

Tal vez muy infantil de mi parte pero hice la pregunta cliché:

- ¿Y ahora?, ¿qué sigue?, ¿qué somos?

Para una persona que cómo yo que se encontraba al borde de la locura, su respuesta fue la menos adecuada.

- Sí …. pero no es el momento, estamos en etapa de remodelación.

¿Queeeee? Nunca hubiera dicho eso, es como si una espada hubiera atravesado de lado a lado mi huella de abandono, y mi ego se apoderó de la escena y respondió:

- Ok, entonces el único acuerdo, ¡es que no hay acuerdos!

Me fui enojada, me sentí profundamente dolida y utilizada. No podía creer que después de toooodo lo que había hecho, se le ocurriera decirme eso.

Comenzó a invadirme un deseo de venganza. Pensé, si dice tenerme miedo …. Ahora me va a tener PAVOR.

Así como en su momento había logrado sacar lo mejor de mí, ahora estaba por conocer la parte más oscura y ruin de mi persona.

Por supuesto le conté al ortopedista que iría a Mérida y mi supuesta teoría de que lo ayudaría a salir del closet. Él no la creía y sospechaba que teníamos una conexión bastante fuerte.

Regresé al cuarto de hotel dónde prácticamente había estado la mayor parte del tiempo y cuando nos reencontramos y me preguntó

- ¿Cómo te fue?

No pude más que contestar con la verdad.

- Digamos que me demostró que no es gay.

El ADN de mi RE-Evolución

Pocas veces he visto a un hombre tan encabronado como él, me queda claro que le había dado una taza de su propio chocolate. Se enojó tanto que tuvo que salirse del cuarto aventando la puerta. Podría decir que un poco enfermo, pero horas más tarde, estábamos teniendo relaciones; al parecer el enojo había hecho crecer su deseo de volver a poseerme.

Es un hecho que contar estas escenas no me hacen sentir orgullosa, estaba fuera de mi centro, pero al mismo tiempo, era la primera vez en la vida me permitía disfrutar de manera libre y abierta mi sexualidad.

A parte de empezar a creer firmemente en que las medicinas que comercializábamos no servían de mucho, de repente empecé a darme cuenta de cómo nos estaban engañando con la idea de trabajar en una empresa con reconocimiento de equidad de género.

Si bien estaba bastante equilibrada la ecuación en cuanto a número de mujeres y hombres empleados, revisando las Direcciones, de 11, únicamente había 2 mujeres en puesto directivo, una de ellas en RRHH y la otra en Compliance; ninguna en una posición estratégica y de toma de decisiones.

Me convencí que nos estaban comprando la vida, que muchas de las mujeres en puestos operativos entregaban los años más valiosos de su vida al trabajo y que había muchas mujeres que nunca se casaban y mucho menos tenían hijos. Aquellas que se casaban y tenían hijos, seguían hipnotizadas con el trabajo y no priorizaban su labor como madres o esposas.

Varios años después he podido describir ese momento cómo si me hubieran descargado un sistema operativo y me hubieran puesto otro, en el que entendía poco cómo funcionaba y me generaba mucha confusión, pero al mismo tiempo tenía la claridad que ya no quería seguir cegada a un mundo tan superficial y vacío.

Mi manía llegó a tal grado, que creí poder trabajar en mi imagen pública y lanzarme cómo candidata a la presidencia de México.

Ese día teníamos comida patrocinada por la empresa con importantes médicos prescriptores. Mi labor como Gerente era reforzar la relación e incentivar a que los médicos prescribieran más nuestro producto.

El invitado para hablar sobre ello, era de nuevo el Algólogo guapo de Querétaro, el que había estado presente en el Congreso de Brasil y se había regresado mi ropa.

Terminando la comida con los médicos nos quedamos solos y de repente lo empecé a sentir muy cerca, me confesó que desde siempre le gusté y yo también confesé que desde el minuto uno me había atraído.

Esa noche la pasamos juntos, él estaba casado, con un acuerdo explícito de relación abierta. Luego me confesó que su esposa se había acostado con otros hombres o incluso habían hecho tríos; pero él nunca había estado con otra mujer solo.

Puede sonar estúpido, pero de alguna manera supo hacerme sentir especial.

A pesar de ser tal vez 9 o 10 años más que yo, también traía issues no resueltos con su madre, recuerdo que fue mucho más sensible para platicar del tema conmigo.

Fue una verdadera locura, había estado con 3 hombres en 4 días. Los días siguientes a que tuviera mi período fueron muy estresantes, si remotamente hubiera quedado embarazada, sería difícil saber de quién era.

El ADN de mi RE-Evolución

Por estar en la nube, llegué tarde al aeropuerto. En el mostrador el joven que me atendió me dijo:

- Lo siento mucho, ya cerramos el vuelo, por favor diríjase a la fila "x" para que le asignen otro vuelo.

Así lo hice. Estaba en un momento de mi vida que todo lo que me pasaba lo veía cómo lo que tenía que pasar, ni más, ni menos.

Me fui a la fila que me asignaron y completamente absorta en mis pensamientos recordé uno de mis traumas de pequeña: nunca le gané en el ajedrez a mi abuelo Alejandro.

De repente, así como mi madre dice: "Me cayó un flash del cielo" Sentí que había recibido el mensaje detrás del hecho que nunca le gané o más bien, nunca me dejó ganarle:

"En la vida no importa si ganas o pierdes, en la vida lo que importa es jugar"

Años después encontré una oración Purépecha que habla de eso:

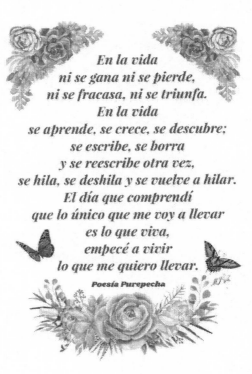

*En la vida
ni se gana ni se pierde,
ni se fracasa, ni se triunfa.
En la vida
se aprende, se crece, se descubre;
se escribe, se borra
y se reescribe otra vez,
se hila, se deshila y se vuelve a hilar.
El día que comprendí
que lo único que me voy a llevar
es lo que viva,
empecé a vivir
lo que me quiero llevar.*

Poesía Purepecha

Justo acaban de dar las 12am, inicia el día 11. Por momentos creo que terminará mi relato y resulta que siguen apareciendo recuerdos para escribir.

La escena que continúa después de "entender" una de las lecciones más importantes de vida, es muy reveladora.

Al recibir el mensaje que "aparentemente" me llegó de la nada, me solté a llorar, no pude contener la emoción. A los pocos segundos, apareció el joven que minutos atrás me había dicho que el vuelo se había cerrado, sin saber cómo, me imprimió mi pase de abordar, me llevó al filtro y prácticamente me dejó en la puerta del avión.

El ADN de mi RE-Evolución

Yo no entendía que pasaba, finalmente me dejé llevar. Entrando al avión viví una de las escenas más difíciles de procesar en mi vida; mi lugar estaba en una de las últimas filas, yo iba llorando y caminando en medio del avión y fue muy impactante ver a las personas muertas en vida; se que suena ilógico y desde la razón no existe explicación, pero puedo jurar que veía a la gente gris, sin vida, sin energía. Eso me causó un shock muy fuerte.

Durante las dos horas de viaje continué con mis ideas revolucionarias, se había apoderado de mí la idea de organizar una renuncia masiva de mujeres en la empresa, por todas las razones que comenté anteriormente.

Y la parte más absurda en mi cabeza, es que creía que "mi jefe" me ayudaría con el plan. Aterricé en la Ciudad de México y de inmediato le escribí, le dije que me urgía de nuevo hablar con él. "Casualmente" él estaba en el aeropuerto para volar alguna parte de Estados Unidos, no sé cómo, pero logró transportarse de la terminal 2 a la 1 y vernos.

Cuando le conté mi "gran idea", vi el espanto en su cara, trató de disimularlo y me dijo:

- Selene, ¡así no se hacen las cosas!, no cuentes conmigo.

Yo, que estaba completa y absolutamente fuera de control, le contesté:

- Pues no me importa, ¡lo voy hacer contigo o sin ti!

Mucho tiempo después entendí que era mi forma absurda de llamar su atención de lograr que me viera, de nuevo; huella de abandono, herida de insuficiencia, etc.

Salí de ahí mentando madres, agarré un taxi y le mandé un mensaje a su jefe (mi Director) diciéndole que me urgía hablar con él. De nuevo me invadía el sentimiento de venganza.

Dentro de mi descontrol, hubo un instante que reflexioné que podría hacer cambios desde el interior, que si llegaba al puesto de Gerente de RRHH incidiría en cambios que beneficiaran a las mujeres. Too late ... Mi verborrea ya había hecho estragos.

Tenía escasos 15 minutos de haber llegado a casa de mis padres cuando me llamó la Gerente de RRHH. Me preguntó:

- ¿Cómo estás?

- Ya mejor, estuve a punto de ir a renunciar, pero ya no.

- Me gustaría que platicáramos, te invito a comer.

Acordamos lugar y hora y comimos juntas en el restaurante italiano Intervallo que se encuentra en la calle de Sagredo dónde ahora vive una gran amiga.

Era un hecho que yo estaba muy alterada por todo lo que estaba viviendo. Sin pensarlo, le conté toda la historia con mi jefe, incluyendo nuestro encuentro en Mérida.

Ella escuchó con atención mi relato y llegó un momento en que me dijo:

- Selene, no estás bien.

Con tono alterado, le contesté:

- ¡Ya sé que no estoy bien, él es mi problema, él me está volviendo loca!

Sin duda estaba haciendo una afirmación muy fuerte en contra de mi superior.

El ADN de mi RE-Evolución

Le dije que no se preocupara, que sabía lo que tenía y que necesitaba tomarme una semana de vacaciones, que por favor le avisara a mi jefe. Yo no deseaba seguir teniendo contacto con él. Me aconsejó "hablar" con el Dr. Israel, al siguiente día, acepté y le dije que platicaría con él.

Saliendo de ahí me preguntó que a dónde iría, por supuesto al yo estar tan alterada activaba en mi madre la parte más dominante y controladora, así que no deseaba regresar a su casa.

Recordé que la casa de Helen (mi segunda abuela) estaba muy cerca y la Gerente se ofreció a acompañarme hasta la puerta. Para ese momento yo había adoptado una vestimenta mucho más ligera, casi todos los días usaba vestido y había desertado de los tacones, me parecía absurdo tener que seguir manteniendo una imagen que no iba de acuerdo a mi naturaleza.

Ella por supuesto iba en tacones y le costó trabajo llegar hasta casa de mi abuela. Cuando vio que me abrieron y pasé, se retiró. Pasé la noche y al otro día fui a hablar con el Dr. Israel que por supuesto, era uno de los psiquiatras de la empresa. Al llegar le dije, ya sé lo que tengo: le di mis "síntomas" y le aseguré que conocía el diagnóstico. Al mismo tiempo le dije que no me medicaría, que si quería darme algo, fuera natural.

Sus palabras fueron algo así:

- Selene, eres un caso muy extraño. Por un lado, tienes conciencia de enfermedad y al mismo tiempo no te quieres medicar. ¿Es por el aumento de peso?

La droga que comercializaba la empresa para Trastorno Bipolar y Esquizofrenia uno de sus efectos secundarios era el aumento de peso, entre muchos otros infinitamente más peligrosos.

Mi respuesta fue:

- Ese es el efecto secundario que menos me importa.

Le ofrecí que podía enviarle en una escala del 1 al 10 cómo me sentía, dónde 1 era en tristeza y 10 en euforia. Era un hecho que estaba atravesando un episodio "mixto" es decir, de repente podía conectar con una alegría desbordada y de repente sucedía algo que me ponía triste y lloraba con mucha facilidad.

Terminamos la "sesión" y yo me regresé a casa de Helen, no recuerdo los días que estuve ahí. Probablemente al tercero mi padre fue a verme y me comentó que habían hablado a la casa de parte de la empresa y le habían pedido que fuéramos juntos con otro de los psiquiatras, ahora uno que me conocía desde que había entrado a trabajar ahí.

Recuerdo haberme enojado, pero mi padre me alentó a ir. Al día siguiente fuimos con el Dr. Heriberto y recuerdo que su estrategia fue "asustar" a mi padre. Por un lado, me dijo que me conocía bien, que yo no era así, que si no me medicaba era muy peligroso, que podía llegar a cometer un acto extremo en el que llegara a un hospital psiquiátrico o a la cárcel; sentí tanta presión y de alguna manera sutil me empezaba a dar cuenta de la gravedad de mis acciones que accedí a medicarme.

Me recetó Valproato de Magnesio, un modulador del estado de ánimo. Me dijo que tendría que tomarlo por un mes y posterior a eso hacerme un estudio en sangre para demostrar que me lo había tomado, de lo contrario; tendríamos una plática muy seria.

Adicional al medicamento él me dio seguimiento en su consultorio particular que se encuentra en la Col. Roma.

¿Me sirvió la medicina? Digamos que me hizo caer de una manera muy violenta de la nube en la que me encontraba, me tumbó en un sillón en el que prácticamente me la pasaba dormida todo el día, no tenía ganas de comer, no tenía ganas de saber de nada ni de nadie. Sin duda regresó mi razón y me empezó a atormentar de tal forma, que entré en depresión al poco tiempo.

Cómo no tenía nada que hacer, literalmente me habían enviado al congelador, lo único que hacía era reconstruir en mi mente, todas y cada una de las escenas recientemente vividas, construía realidades alternas en las que tomaba decisiones diferentes y eso me generó un profundo dolor y desesperanza.

Por supuesto en el tiempo en que estuve medicada y asistí a consultas con el psiquiatra, mi "jefe" jamás apareció. Seguramente le prohibieron que se acercara. Fue muy doloroso sentir que la persona que más necesitaba cerca, con todo lo que había hecho, lo único que logré fue alejarlo. Definitivamente su miedo se hizo realidad.

Al final, la vez que me reuní con él, supuestamente para conocer mi decisión de si continuar o salir de la empresa, posterior a que muy considerados me habían ayudado a estabilizarme, me dejó claro que la confianza se había roto, lo entendí perfecto y fue el momento de terminar con la relación laboral, suena absurdo, pero fue mucho más triste y difícil de trascender eso, que mi matrimonio fallido.

Ya no le encuentro sentido a contar cómo fue la negociación y lo que seguramente hubiera podido exigir. Yo únicamente deseaba irme, salir corriendo y borrar de mi vida esta historia tan vergonzosa.

Al poco tiempo de salir, decidí alcanzar a mi hermana menor en Europa, nos encontramos en París y viajamos poco más de un mes por ciudades increíbles, llenas de historia, comimos en lugares súper ricos, en fin; parecía el viaje soñado. No fue así. Yo iba en profunda depresión y mi capacidad de disfrute estaba muy mermada, mi hermana y yo entramos en conflicto en varias ocasiones y por más que deseaba pasármela bien, en muchas ocasiones no lo lograba. Seguía atrapada en el pasado.

Al poco tiempo de regresar de Europa, intenté regresar con mi marido, él estaba dispuesto a perdonarme y cumplir su promesa de estar conmigo "en la salud y en la enfermedad", me fui a Querétaro 2 semanas, no pude. Todos y cada uno de los días, abría los ojos y no me sentía bien, reafirmé mis motivos de separación y para él también quedó claro que yo no era la mujer con quien cumpliría sus sueños.

Los siguientes años fueron muy duros, visité un psiquiatra del cual me había hecho amiga en mi etapa de representante, tenía la esperanza que me diera otra opinión. El diagnóstico fue confirmado, el cuarto psiquiatra que visité me lo patrocinó mi hermana menor, al igual que la medicina carísima que me recetó, mis recursos económicos los había invertido en el viaje a Europa y había gastado mucho dinero en rentas.

Hasta que llegué con la psicoterapeuta especialista en Psicología Sistémica, Biodecodificación genética, 5 leyes biológicas, etc. y poco a poco acompañada de ella, fui reduciendo la medicación hasta dejarla por completo.

El ADN de mi RE-Evolución

11 de junio de 2021, San Miguel de Allende, Gto.

Hoy madrugué, me desperté a penas pasadas las 6am, los cachorros de la cabaña de al lado, ladraban y ladraban y lograron espantarme el sueño por completo.

Me dieron ganas de ir al baño, al ver la hora, decidí no volver a la cama. Hoy, si todo sale bien, B.M. vendrá a pasar el fin de semana y nos regresaremos a CDMX a continuar con nuestra vida.

Aunque por las nubes no se alcanzó a ver el amanecer tan claro, pude estar ahí recibiendo la energía de los primeros rayos del sol. Me acaba de suceder algo muy curioso escribiendo la palabra amanecer. Puede ser algo simple y sencillo, pero acabo de notarlo.

El sol: ¡AMA¡ – ¡NACER!

Reflexionando sobre eso, el abrir nuestros ojos a un nuevo amanecer es nuestra forma de renacer del sueño. Cuando permanecemos dormidos, perdemos total y absoluto control de nuestro cuerpo, confiamos plenamente en que podremos abrir los ojos al día siguiente.

Pocas veces nos ponemos a pensar en la maravilla de nuestro cuerpo, vehículo o disfraz que nos tocó en esta vida. El tener la capacidad de respirar sin tener que pensarlo y confiar en que seguiremos haciéndolo aún en estado de vigilia; me parece fascinante.

Justo en pleno amanecer me conecté de corazón con los seres que están en este planeta y más amo, por supuesto mis padres, mi pareja, mis hermanas, mis sobrinos, pero también le envié luz a aquellas personas que en su momento creí que me habían hecho algo.

Un Curso de Milagros dice: *"El verdadero perdón es cuando te das cuenta que nadie te hizo nada, ni tú le puedes hacer nada a nadie".*

Probablemente hoy esté un tanto filosófica y me encanta. Me sigue dando por pensar que escribir mi vida es un sinsentido, exponerme así tan franca y abiertamente, es cómo desnudarme en una plaza pública y que la gente diga y opine lo que quiera.

He llegado a pensar que puede ser muy arriesgado, en algún momento mis seres queridos podrían leerlo y probablemente me juzgarían duramente, me verán con ojos distintos, en fin; me siguen asechando las dudas, sin embargo aquí sigo, haciendo algo que me apasiona y que sin duda dejarlo de hacer había sido muy doloroso.

Me parece que también ahí esta una gran reflexión, dejé de escribir por que sentí o creí que llegaría el día en que tendría que destruirlo, me parece que ya me estoy cansando de construir y destruir mi vida, de repente siento que inconscientemente me la paso huyendo de lo bueno que pueda pasarme.

Sigo en lucha interna porque B.M. sea el proveedor económico y yo siga sin poder recuperar la independencia financiera que tuve desde los 18 hasta los 31, y de forma intermitente con algunos trabajos posteriores; varios de ellos, por recomendación de mi hermana menor o su marido.

Trabajé poco más de un año con mi cuñado. Gané dinero, perdí muchas otras cosas.

La parte más valiosa de mi trabajo era cuando en las tardes ayudaba a cuidar a mis sobrinos, estaban los 3 primeros muy pequeños. En esa época a mi hermana le iba súper bien en el trabajo, había seguido creciendo en farma y ya tenía varias personas a su cargo; por supuesto, ese rol era difícil de equilibrar con ser madre de tres.

El ADN de mi RE-Evolución

Yo sentía que ella se estaba perdiendo de cosas muy importantes de sus pequeños. Mi mayor problema: involucrarme demasiado. La pasaba mal, siempre preocupada por ellos, por su educación, por su alimentación, etc. Sabiendo perfectamente que al no ser mis hijos, estaba limitada a incidir en temas trascendentes. Por más que yo creyera que las cosas debían de ser de otra forma, definitivo, no me correspondía.

Por prudencia evitaré más comentarios y opiniones en torno a la situación.

Sólo puedo decir que después de un año, era insano seguir trabajando así.

B.M. con todo su amor, me dijo que me saliera, que él me apoyaba económicamente. Finalmente salí y los meses siguientes tampoco fueron de mucha claridad. Anímicamente no me encontraba bien.

A finales de ese año, sentía una alta urgencia por salir de viaje y fue el viaje del cuál conté un poco al principio del libro.

De nuevo me empiezo a desviar, quiero pensar que tengo tantas historias que contar que de una, sale otra y así empiezo a jugar en círculos, combinando un poco pasado y presente. Tengo la clara sensación que al terminar el libro, podré tener mucha más claridad del futuro o al menos ya habré liberado y transmutado lo vivido.

Saber que B.M. viene a San Miguel, me llena de alegría. El miércoles que tuvimos la llamada bastante larga, profunda e intensa y que me dejó movida emocionalmente, le pedí que dejáramos de hablar y retomáramos el tema cuando estuviera aquí y pudiéramos acompañar la plática con una copa de vino que tanto disfrutamos juntos. Llevamos desde el 31 de mayo sin intimidad.

Disfruto mucho del silencio, de poner la música que quiera, comer a la hora que desee, despertarme tarde o muy temprano; en fin, disfruto no tener que seguir una rutina rígida y cuadrada.

Tengo muchas ganas de que estemos juntos ya sea platicando, tomando vino, comiendo algo rico, paseando por algún lugar ... Me gusta cuando no tengo la expectativa de qué haremos y podamos ir construyendo el día de forma flexible.

Un día en Puebla de Zaragoza, Puebla

El ADN de mi RE-Evolución

17 Junio 2021, Puebla de Zaragoza, Puebla.

Me fascina la sensación de poderme sentar en cualquier lugar a escribir. Casi una semana sin hacerlo. El viernes pasado, antes de que llegara B.M., tuve la fortuna de comer con el único tío abuelo que queda con vida, el hermano más pequeño de mi abuela Elena.

Fuimos a un lugar muy bello rodeado de naturaleza, con mesas de madera y en un ambiente súper relajado. Se llama Mamma Mía, está a unos 20 min hacia Dolores Hidalgo. Es la primera vez que nos sentamos a conversar de forma tan sincera, franca y amena.

El saber de su vida, conocer de los recuerdos que tiene de sus padres, mis bisabuelos: José López de Llanos y Juana Villareal Gómez, me hizo sentir más cercana a ellos. Cómo es normal en todas las historias familiares la imagen que él guarda de sus padres, dista de la imagen que mi madre conserva de sus abuelos.

Él es Ingeniero Civil, ha diseñado y construido un número importante de obras incluyendo casas propias y de familiares. Su estilo es bastante peculiar, yo diría que es estilo ecléctico.

Actualmente tiene 73 años, los cumplió el 24 de febrero. Parte importante de la conversación se centró en lo valioso que es para él su participación en talleres y pláticas dentro del grupo de N.A. Lleva más de 20 años perteneciendo.

Me compartió historias muy personales que me ayudaron a acomodar muchas de las creencias, patrones, etc. que cómo sistema familiar estamos trabajando.

En mi familia hay una fuerte tendencia al control. Mi madre y sus hermanos se caracterizan por querer dominar e imponer sus posturas, por supuesto yo lo identifico en mí y es de las cosas que deseo seguir trabajando para liberar.

Le conté un poco de lo que viví cómo adolescente escuchando a mi madre decir que ya no quería vivir, que se quería morir. Él me dijo que admira muchísimo a mi madre, de su capacidad de decir que siempre está feliz, de cómo la vida le ha permitido continuar después de tantos excesos. La vida de mi madre también daría para varios libros.

El poder escuchar algunas de sus historias dolorosas y tener la oportunidad de verlo alegre, con actitud positiva ante la vida, con la capacidad de reírse de lo que ha vivido y experimentado, me pareció sorprendente y muy admirable.

También platicó que hace años le hicieron estudios del cerebro donde el neurólogo no podía creer que hubiera estudiado una carrera universitaria y haya tenido la capacidad de generar su propio capital; le diagnosticaron TDAH y supuestamente su pronóstico no era nada alentador. Afortunadamente eso no se lo dijeron de niño.

Tuvo la capacidad de inventar cosas que patentó.

Me dio mucha risa cuando me platicó que él vivía enojado con sus padres. Mi bisabuela lo tuvo cuando ya tenía 46 años y mi bisabuelo tendría más de 50. Creció pensando que no era sus padres.

Me contó que su padre trataba de transmitirle todo su conocimiento, era un hombre que había leído y estudiado mucho; desde temas de metafísica, manejo de energía, reencarnación, vidas pasadas, al parecer perteneció a alguna logia masónica e incluso refirió tener la capacidad de hacer viajes astrales y levitar. Me contó cómo él presenció verlo prender focos fundidos con las manos.

Mi tío cree haber sido su maestro de la paciencia. Me contó que normalmente no le ponía mucha atención o incluso lo contradecía. La respuesta de mi bisabuelo cuando se exasperaba era:

- José, eres un espíritu muy atrasado.

Me encantó su "insulto elegante" y recuerdo haber reído mucho al escucharlo.

Recuerda a su madre, Juana Villareal cómo una mujer súper emprendedora, ella más que hablar, actuaba. Hacía cosas y las vendía y al parecer siempre estaba en movimiento.

Ahora que lo escribo me suena que probablemente desde ahí o tal vez más atrás salió el dicho de: "A descansar, a la tumba". Ese dicho me lo repitió mi madre en múltiples ocasiones durante mi niñez y adolescencia, considero que es parte de lo que me impide relajarme y estar "sin hacer nada".

Me hubiera encantado grabar la conversación, me quedé con las ganas de tener la evidencia de su testimonio y poderlo conservar para aquellos que en su momento se puedan cuestionar temas familiares al igual que yo.

También hubo oportunidad de compartirle un poco de mi historia y de mis razones para separarme de mi marido, muchos de la familia Queretana no entendían cómo posterior a una boda tan bella y del esposo "perfecto" del lugar tan lindo en el que vivía, hubiera querido desertar.

B.M. me llamó para decirme que estaba entrando a San Miguel, pedimos la cuenta y emprendimos el regreso.

Ya en el camino mi tío abordó un tema que sigue generando conflicto en el presente.

Por un lado mi madre asegura haber visto sufrir mucho a mi abuela por dinero que mi bisabuela le prestó para comprar la casa en la que actualmente viven mis padres, por otro lado; mi tío dice que su mamá nunca hubiera hecho eso, que él la acompañaba a cobrar y que jamás escuchó a Juanita quejarse que su hija Elena no le pagara.

Yo reconozco haberle contado esa historia a mi tía Mariana y ella a su vez se lo mencionó a mi tío hace unos meses, él se molestó muchísimo. Sintió que estaban difamando a su madre.

Desde mi óptica ¿Cuál es la verdad? ambas. Mi madre no tendría razón para inventar esa historia y mi tío seguramente nunca lo presenció. Para mí lo más importante sería que ambos pudieran estar en paz. Que reconozcan que ninguno tiene la verdad absoluta y que dejaran descansar en paz a la bisabuela Juana.

En varias ocasiones le he pedido a mi madre que la libere, que entienda un poco lo difícil y dura que debió ser su vida y que desde ahí, logre ser más compasiva con ella.

Contaré un poco de su historia. De niña o muy joven, se quedó huérfana de padre y madre junto con sus hermanos, hasta hace muy poco escuché la teoría de que habían matado a mis tatarabuelos en la época de la Revolución, es imposible hoy tener la versión real.

Juanita era la mayor y tuvo que empezar a trabajar desde muy pequeña para poder salir adelante junto con sus hermanos. Mi bisabuelo había llegado de Madrid en barco con la "loca" idea de recorrer América en bicicleta. Al parecer, la conoció y se enamoró.

Una versión dice que fue en Café Tacuba del centro histórico de la Ciudad de México y la opción dos, en una Heladería, en realidad eso no afecta la historia. El bisabuelo enamorado le ofreció casarse con ella y ayudarle con la manutención de sus hermanos.

Así lo hicieron, en este instante no tengo los datos de cuántos años tenían ambos, me parece que había una diferencia de edades considerable.

En esta familia existió un "secreto bien guardado" que considero ha enfermado al árbol. La primera vez en escucharla me parece que fue con mi tía Rosita Navarro, hija de Rubén Navarro y Margarita Amezcua, los tres QEPD.

Considero que varias de las mujeres que estamos en este plano físico la hemos observado con amor y compasión para que no vuelva a repetirse.

Ella también fue la que me contó la teoría que los títulos nobiliarios que tiene la familia Navarro proceden de Juana I de Castilla, mal conocida como "Juana la Loca".

Unos días en Ciudad de México, México.

El ADN de mi RE-Evolución

21 de junio 2021, Ciudad de México.

Es impresionante que desde que regresé de San Miguel de Allende únicamente me di espacio de escribir el jueves pasado en Puebla y un tiempo muy breve. El ritmo de la Ciudad, el sentir que tengo muchos pendientes por resolver y la familia alrededor, hace que no pueda concentrarme.

Hoy reconozco estar entre enojada, contrariada, frustrada, confundida, etc. Ayer fue día del padre y entre cambio de planes al último momento, pasamos un rato bastante incómodo en casa de mi hermana menor.

Agradezco infinito que B.M. es súper adaptable y normalmente cede a mis planes.

Terminé molesta con mi hermana mayor que fue la que me hizo que llegáramos cuando ya se había acabado la comida y prácticamente ya se iban.

El sábado fue un día bello. Pude desayunar con dos grandes amigas que conocí trabajando en farma, a ellas les tocó estar conmigo cuando estuve en el pico más alto de la manía y hoy disfruto mucho haberlas recuperado y poder retomar esos momentos ya sin la carga emocional que para mi generó haber vivido ese episodio.

De ahí pasé por la mamá de B.M. y nos encontramos con él y sus hijos en un restaurante Polaco, fue el lugar que eligió para festejarlo por el día del padre. Comimos rico, el mesero que nos atendió fue muy ocurrente y divertido y nos hizo muy amena la estancia.

Reconozco estar poco inspirada en este momento. Tuve una llamada con mi madre que me dejó muy preocupada y luego tuve llamada con B.M. y terminé diciéndole que no tenía ganas de hablar.

Había iniciado muy bien mi día, pude despertar 7:30am, poner una pequeña meditación, salir a caminar 30 minutos, arreglar el departamento y estar lista para mi reunión de las 9:30am, en el inter B.M. me preguntó por unos sobres dónde había guardado dinero y yo no tenía idea dónde podían estar, no era una cantidad menor, por lo que me preocupé bastante.

De repente siento que no logro avanzar con mis proyectos, que quiero hacer de todo un poco y termino por no hacer nada.

El ADN de mi RE-Evolución

25 de junio 2021, Ciudad de México.

Necesito vencer la falsa creencia que aquí en la ciudad no logro concentrarme. Es una realidad que el lunes que quise escribir fue un fiasco total.

Me siento contenta por que logré salir a caminar y escuchar un pequeño podcast de lunes a viernes, sólo hoy me faltó hacer una meditación que encontré para iniciar el día y estoy por terminar de leer dos libros que empecé hace varios meses. Triple Focus de Daniel Goleman y Peter M. Senge y El Método Ikigai de Héctor García y Francesc Miralles, que curioso, hasta ahora me doy cuenta que ambos están escritos por dos autores.

Intentaré retomar los hilos sueltos. El 17 de junio que acompañé a B.M., a resolver temas de trabajo en Puebla, me dejó en la Casa de Cultura que está frente a catedral dónde se encuentra la Biblioteca Palafoxiana, una joya de lugar dónde se conservan libros que datan desde 1500. Al llegar en el auto, alcanzamos a escuchar Granada, después supe que era el ensayo de la Orquesta Típica de Puebla. Podrán ser detalles simples, para mí son significativos. Disfruto inmensamente la música, la danza y la pintura. Además de disfrutar el ensayo, pude tener acceso a exposiciones temporales dentro del recinto, una relacionada al movimiento LGBTTIQ+, otra de Monik Foyo llamada Vivencias de Alegría y la última de Raúl Díaz. Me inspira mucho apreciar el arte.

Entré a la biblioteca y recordé que Aldo Rivero Pastor, nieto de Demetrio Garmendia Villafagne (hermano de mi bisabuelo) vive en Puebla. Decidí enviarle un mensaje para decirle que me daría gusto poderlo saludar, desde cuando me dijo que me obsequiaría un libro que escribió sobre la familia.

Me decidía a escribir en la biblioteca pública que se encuentra ahí mismo, pero por alguna razón estaba fuera de servicio, decidí cruzarme a la catedral, fui presa de un pequeño niño que vendía artesanías sencillas y decidí comprarle un imán para el refrigerador, por varios años he coleccionado imanes de los lugares que conozco. También cumplí el deseo de mi madre y le compré unos camotes. Entré al recinto, aunque ya lo conocía, me sigo sorprendiendo de lo majestuosa de su construcción; el órgano inmenso que tiene y lo detallado del arte que ahí se exhibe. Desde hace varios años las iglesias dejaron de ser el lugar en el que considero que puedo conectarme con Dios, simplemente me gusta apreciar la arquitectura y disfruto del silencio cuando no están impartiendo misa.

Salí con la firme convicción de encontrar un lugar para escribir, no encontraba ninguna cafetería que me inspirara. Pasé por una Universidad y por la casa de las muñecas, ambas cerradas. Llegué a la esquina y encontré una tienda espectacular de artesanías mexicanas, no pude resistir la tentación, me declaro fan absoluta de los juguetes, ropa, bolsas, cajas, cosas hechas en palma, madera, etc. etc. etc. hace varios años una de mis ideas era exportar artesanía mexicana a otros países, me maravilla el talento y la creatividad de nuestra gente, los colores vibrantes y el humor con el que se hacen ciertas piezas.

Compré de nuevo 3 imanes, uno para B.M. del Principito, considero que uno de sus libros favoritos, uno de Frida Kahlo para mí y uno en forma de Mariachi para mi padre, se me figuró cuando mis sobrinos el 15 de septiembre, en su cumpleaños, se visten estilo Mariachi.

Finalmente decidí entrar al Starbucks®, intento evitarlos lo más posible, pero el de Puebla al que entré está en un edificio muy bello con techos súper altos y al parecer de arquitectos o ingenieros franceses.

El ADN de mi RE-Evolución

Llevaba minutos de escribir cuando me alcanzó B.M., afortunadamente tenía que resolver temas de trabajo y pude escribir un poco.

Fuimos a comer a Casa Reina, es el restaurante de un hotel reconocido. Acabábamos de ordenar vino cuando Aldo Rivero Pastor me escribió que dónde estábamos, al minuto me llamó y me dijo que si queríamos nos esperaba en su casa para tomar café después de comer. Eran las 3pm y yo deseaba regresar máximo a las 4:30pm para estar con mi padre en el live que preparamos con motivo del día del padre.

Estábamos en el plato fuerte cuando se acercó un hombre pintor, nos ofreció hacer un retrato a lápiz, podía ser de los dos o únicamente mío. Él decidió que me dibujara.

Reconozco haberme sentido un poco incómoda, creí que sería mucho más corto el tiempo y prácticamente comí mientras él me observaba y hacía sus trazos. Me hizo varios halagos e incluso preguntó que si era Médico, eso me pareció un poco extraño, ya sería la segunda o tercer persona que me asocia a esa profesión.

Terminamos de comer, nos mostró el dibujo y aunque no me reconocí tanto, me gustó lo que vi. El dibujo me transmite sensualidad, femineidad, picardía, cierta intriga, en fin; quedé contenta con el resultado.

Saliendo fuimos a casa de Aldo que afortunadamente estaba muy cerca.

Ya había avisado a todos los involucrados que iniciáramos la transmisión 7:30pm.

La casa de Aldo está llena de obras de arte, pinturas, esculturas, antigüedades, una carta enmarcada de Porfirio Díaz, un piano, muebles clásicos, etc. Fue una visita súper breve, de nuevo me hubiera gustado grabarlo, tiene una cantidad de información impresionante, nos contó que Ilse la de Pandora® también es de la familia, ¿de dónde viene la relación?, no recuerdo.

También tuvimos la fortuna de conocer a su madre, la Sra. Martha Pastor una mujer muy bella de más de 90 años.

Regresamos a la ciudad y logré hacer la transmisión del día del padre donde uno de los principales invitados fue justamente el mío y me quedé muy contenta con el resultado. B.M. fue a tomarse unos mezcales con uno de sus amigos más entrañables.

El ADN de mi RE-Evolución

8 de julio 2021, Ciudad de México.

La mañana estaba nublada y un poquito lluviosa, aún así decidí salir a caminar sobre Paseo del Río. Disfruto mucho estar entre los árboles, las flores, escuchar el sonido de los pájaros y ver cómo muchas personas salen a ejercitar su cuerpo diariamente.

Estaba por llegar a la esquina de las Torres cuando vi que el paso de automóviles estaba cerrado, lo primero que pensé es que se había caído un árbol, continué caminando y ahora el paso peatonal era el que estaba acordonado y custodiado por un oficial, se encontraba conversando con dos mujeres que únicamente alcancé a escuchar a una de ellas diciendo, "no sabemos la mochila que traía cargando". Se dieron la vuelta y continuaron su camino.

Mi curiosidad no me dejó tranquila y me acerqué a preguntar al oficial cuál era el motivo de cerrar el paso peatonal, su respuesta fue:

- Hay un muertito.

Inmediatamente sentí un hueco en el estómago y no pude quedarme con la duda, ¿cómo que un muertito? Mi instantánea negación me hizo pensar que pudo haber sido víctima de violencia o cualquier otra cosa. La respuesta fue muy dolorosa:

- Si, está colgado.

El impacto fue inmediato y muy notorio, el oficial me invitó a verlo pero yo le dije que no sabía si podía, de por si la noticia me dejó en shock y todavía comprobarla con mis ojos me costaba mucho.

Me llevé las manos al pecho y no pude contener las lágrimas. El oficial más allá de ignorarme me preguntó por qué me impactaba tanto, era un hecho que no tenía idea de quien se trataba.

Simplemente logré decirle que me dedicaba a la prevención del suicidio y que aunque no tuviera idea de que persona lo había cometido me dolía en el alma. Me sorprendió mucho que se acercara a darme un abrazo muy humano, me pareció un gesto súper noble.

Le dije que me entristecía mucho que las personas se sintieran en tal grado de desesperación para quitarse la vida, que la depresión es real y que no nos enseñan a expresar cuando nos sentimos mal. Que aquellos que se quitan la vida no es por que se quieran morir, que más bien quieren dejar de sufrir y no encuentran cómo.

Me contó que vive solo y de repente le es difícil llegar y que no haya nadie que le pregunte cómo está o cómo se siente, que su novia trata de animarlo y acompañarlo a la distancia, me platicó que ha visto compañeros suyos quitándose la vida y días previos, diciendo que estaban bien. De nuevo me invitó a ver la escena, mencionó que podía ser uno de mis miedos y valía la pena enfrentarlo.

Reconozco que soy de las personas que evita ver noticias amarillistas, películas de miedo o cualquier escena que pueda alterar mi mente. Es un hecho que a partir de iniciar el proyecto de Tribu De Mentes y contarle algunas personas de que se trataba, varios tuvieron la confianza de confesarme sus testimonios, el cómo llegaron a pensar en quitarse la vida o incluso algunos que lo intentaron y evidentemente fallaron en el intento y afortunadamente continúan en este planeta.

Jamás me había tocado estar en esta situación y estar en un momento así. Decidí enfrentar mi miedo y me atreví a ver el cuerpo colgado de un árbol, de dónde estábamos se alcanzaba a ver poco, era un hombre de entre 45-50 años. Únicamente pude enviarle luz y a la distancia orar por su vida.

El ADN de mi RE-Evolución

Ahora que lo escribo, orare por la familia y amigos que se quedarán con un vacío profundo y una fuerte sensación de haber podido hacer algo para impedirlo. El dolor y la culpa que dejará en ellos será una marca imborrable.

Seguramente para mí, también será una imagen que permanezca en mi mente y deseo que me ayude a seguir encontrando formas creativas de llegar a más personas para poderlo prevenir.

Por otro lado, no me fui sin preguntarle algunos datos a tan amable oficial, se llama Felipe, tiene 26 años y su cumpleaños es el 2 de septiembre, desconozco su apellido, pero quiero reconocer públicamente su capacidad de cumplir más allá de su trabajo: su capacidad humana, la enorme empatía que mostró conmigo y tal vez sin pensarlo demasiado, el acompañarme a enfrentar un miedo que ni siquiera tenía consciente. No pude más que decirle que le agradecía enormemente su labor, que deseaba que existieran mucho más oficiales cómo él que pudieran ver a los ojos y que conectaran con las personas, su respuesta fue:

- Conozco muchos …

- Yo con asombro le dije: ¿sí?

- Sí, solo que todavía no se dan la oportunidad de abrir su corazón.

Me sorprendió tanto su respuesta que de nuevo me conmoví y volví a llorar, lejos de decirme que no lo hiciera me dijo que era importante desahogarme.

Su última pregunta fue:

- ¿Se encuentra bien?

- Yo le dije que sí, que soy hipersensible y que no se preocupara.

Me despedí agradeciendo de nuevo y bendiciendo su vida.

En mi caminar de regreso continué llorando, triste por la pérdida de una vida, pero a la vez conmovida profundamente por la oportunidad de conocer al joven oficial Felipe.

A unas horas de haberlo vivido puedo pensar que la crisis epidemiológica que estamos viviendo nos ha llevado a una crisis psicoemocional muy fuerte, cada vez estamos más desconectados, ausentes, cada quien en su mini mundo sin darnos cuenta que todos somos parte de lo mismo. El sentirnos solos y aislados puede derivar en una depresión profunda, fuertes cuestionamientos del sentido de la vida, ideación suicida, intentos y por último, la muerte.

Se tiene la falsa creencia que hablar del tema puede incrementar la incidencia, es totalmente lo contrario, hablar del tema nos permite visibilizarlo, saber que muchas más personas de las que creemos han transitado por esos caminos y nos vuelve más empáticos para detectar los cambios de comportamiento y hábitos en los seres que amamos.

Habla con las personas que consideres importantes, pregunta cómo están, abrázalos y haz lo que nazca de tu corazón para conectar con los que ni siquiera conoces, nunca sabes que un "buenos días" a un desconocido por la calle, puede cambiarle su día.

Gracias por leerme.

Siéntete libre de compartirlo, ayudemos todos a la prevención.

Selene SG

Nota: el escrito anterior lo publiqué en una de mis redes sociales.

Mi nuevo hogar: Valle de Bravo, Estado de México

El ADN de mi RE-Evolución

26 de Septiembre 2021, Valle de Bravo, Edo. de México.

Aún no puedo creer que llevo casi 2 meses sin escribir. Han pasado tantas y tantas cosas desde el 8 de julio a la fecha que intentaré dejarlas plasmadas será el cierre de éste capítulo en mi vida y por lo tanto, de éste libro.

Me mudé a Valle de Bravo el jueves de esta semana, aún no termino de creerlo.

Retomaré un poco desde el 7 de julio que tuve sesión con una mujer llamada Abril, ella es de las personas que tiene capacidad de ver más allá de lo evidente. La sesión fue por una plataforma de videoconferencia, comenzó unos minutos pasadas las 12:30pm, ese día me sentía muy sensible y vulnerable. Desconozco cómo, ella se conecta con tu energía y comienza a tener sensaciones físicas, inició diciéndome que a la primera que veía era a mi madre y yo de espaldas a ella, me dijo algo que yo intuía, pero que mi madre siempre me negó.

Durante la sesión me iba preguntando sobre años de mi vida y cosas que pasaron. Ya conté que de pequeña me caía constantemente, me dijo que en esos años, me veía como muñeca de trapo, sin fuerza y que simplemente me dejaba llevar por los demás.

Mis padres por sus propias historias y carencias no pudieron darme la contención ni la educación emocional que poco a poco he ido construyendo.

De entrada yo tenía duda de si continuar con B.M. era lo mejor, habíamos caído de nuevo en una dinámica en la que él se dedicaba intensamente al trabajo aunque lo sufriera y yo sentía que no quería aventurarse conmigo a un camino diferente.

Seguramente es de esas cosas que iré descifrando y que sobre todo, hoy entiendo que si no lograba aceptar y respetar su forma de ser por completo, es por qué no lo amaba incondicionalmente y por ende; la parte más dolorosa de aceptar, aún no logro amarme y aceptarme incondicionalmente a mí misma.

La sesión duró 2 horas, yo lloré y lloré ... El darme cuenta que la mayor parte de mi vida he cedido mi poder a los demás, con la bandera de "ayudar" he dejado de ayudarme a mí misma.

Al día siguiente, 8 de julio, aunque no me sentía con mucho ánimo salí a caminar y fue que me encontré con el hombre que decidió terminar con su vida.

El 9 de julio, confieso que me daba temor volver a pasar por el lugar de los hechos, fue más fuerte el querer ver a mis padres y abrazarlos.

Mi madre estaba recostada cuando le empecé a platicar sobre la sesión que tuve con Abril, le solté la afirmación que me dio y se quedó en silencio absoluto, nada común en ella. Nuestro diálogo fue algo así:

- Lili el silencio otorga,

- ¡Hay que bueno que te acuerdas de ese dicho, hace mucho que no lo escuchaba!

- Ma, por favor, ¡dime!

- Mmm .... Puede ser .... Pregúntame en 10 años.

Yo estaba sentada en su sillón reclinable y ella en la cama, me acerqué a su lado y le dije:

- Ma, tu sabes todo lo que he pasado, créeme que si alguien puede no juzgarte, soy yo, por favor ¡cuéntame!.

- Está bien, sí.

El ADN de mi RE-Evolución

Los siguientes diálogos no puedo revelarlos, sin embargo fue una confirmación de que mi intuición no me fallaba y sobre todo; de nuevo se acomodaron cosas importantes a nivel sistémico.

El 19 de julio hablé con mi primer maestro de manejo de energía, tomé el curso cuando tenía 17 años y todavía recuerdo cosas que pasaron y me impactaron.

Le conté de mi impresión al ver a un hombre colgado.

Su respuesta de entrada, me hizo mucho ruido:

- Selene, ¿a ti que te afecta que alguien se quite la vida? ... Es SU vida!!! Él quería quitarse la vida y lo logró. Aquí hay un mensaje más profundo para ti.

  ¿Qué has querido lograr en tu vida que aún no consigues?

Madreeees ... me cayó como valde de agua fría.

Hace unos días al ver la escena, mi sensibilidad me hizo conectar con el dolor y sufrimiento de los familiares de esa persona que se suicidó y el duelo tan fuerte que tendrán que vivir; la postura de Juan Antonio era muy confrontante, ¿qué has querido lograr que aún no logras? Me dejó reflexionando mucho.

En los últimos 10 años mi mayor inversión de tiempo y dinero ha sido en terapias, cursos, talleres, conferencias, libros, etc. etc. etc. Acepté trabajos por el simple hecho de sentirme productiva y generar ingresos.

Trabajé como Directora pro bono de una Asociación Civil por que aún me sentía insegura de mis talentos y habilidades; así que si "no me salía bien" pues cómo no me pagaban, no pasaba nada.

Acepté que B.M. con su deseo de aportar a mi felicidad, se hiciera cargo económicamente. Lo que yo generara, poco, mucho o nada, "no afectaba" la ecuación.

Sin embargo, en lo más profundo de mi ser, nunca me sentí cómoda con esa situación, desde mis 18 años había trabajado, sabía ganar dinero y en mi último puesto en farma había accedido a un muy buen nivel de ingresos.

Acordé con Juan Antonio vernos para una sesión presencial de psicomagia el viernes 23 de julio. Nos reunimos al aire libre, muy cerca de la escena del río. Básicamente fue un momento de observar con amor y compasión las historias de las mujeres de mi clan, cómo muchas de ellas se quedaron a lado de un hombre para que las protegiera y mantuviera; tristemente no por amor. Logré agradecerles y a la vez pedirles que me permitieran hacerlo a mi forma. Imagino que muchas de ellas no tuvieron opción, tal vez por los hijos, tal vez por qué no pudieron estudiar lo suficiente, tal vez por personalidad, por apariencia por lo que sea, decidieron quedarse con un hombre. Y está bien. Así cómo fue, fue perfecto.

Yo llevaba varios días de estar de nuevo rondando con la idea en mi cabeza que quedarme con B.M. era seguir limitando mis alas, seguir adecuándome a lo que él desea y sacrificar mis más profundos sueños y anhelos.

Los últimos meses volvió con más intensidad el deseo de ser madre, de vivir en medio de la naturaleza, de concluir este libro, de viajar por el mundo, de dar más cursos, talleres, conferencias sobre los temas que me apasionan, en fin; de seguir llenando mi vida de experiencias maravillosas que me inspiren y a la vez poder inspirar con el ejemplo a los demás.

El ADN de mi RE-Evolución

El trabajo de B.M. lo tenía súper estresado, yo lo veía tan mal, que llegué a decirle que renunciara. Entiendo que todos sus compromisos financieros no le permitían tomar una decisión tan arriesgada.

Entró a un proceso para obtener un nuevo trabajo en Querétaro y fue el elegido, irónicamente su inició fue pactado para el 23 de agosto (cumpleaños del hombre con el que me casé hace 12 años).

Antes de que le confirmaran el puesto, yo ya había tomado la decisión de separarnos de nuevo. Fueron varios días en los que dudé. Mujeres amadas y apreciadas, llegaron a decirme que lo pensara bien. Sabía que si de repente le decía que si quería irme con él, difícilmente me rechazaría.

"Terminamos" pero seguíamos viviendo y durmiendo juntos, fueron días raros, parecía cómo que no hubiera pasado nada.

"Las despedidas" ... fueron muchas, en general muy amorosas y al final, dolorosas.

Me fue muy difícil desprenderme de una persona tan importante en mi vida, de un ser que con todo su amor, cariño, ternura, pasión, entrega, cuidado, eligió acompañarme en un mi proceso caótico, retador, intenso y a la vez; terminar en separación.

Mi agradecimiento hacia él permanecerá el resto de mis días, si alguien me conoce en las buenas, malas, regulares y pésimas, sin duda; es él.

Sé que nuestros espíritus pactaron acompañarse en estos últimos 7 años. Mostramos nuestro corazón abierto uno enfrente del otro y poco a poco fuimos ayudándonos a sanar las heridas, varias de ellas muy similares, otras únicas. Confiando en que cada instante que nos acordemos el uno del otro, lo único que podremos desearnos es alegría, gozo, amor y plenitud.

Mi deseo es pasar otoño e invierno en Valle de Bravo, terminar de liberar, soltar, trascender todo aquello que me haga falta de estos 10 años.

Deseo iniciar un nuevo capítulo en mi vida, más libre, más plena, más YO.

El ADN de mi RE-Evolución

27 de septiembre de 2021, Valle de Bravo, Edo. de México.

Qué locura, hoy estaba en el proceso de revisión cuando que me di cuenta que hacía falta la narración del Maratón, teóricamente ayer acabé el libro; sin embargo, no puedo concluir sin este episodio. Justo ayer se cumplieron 11 años de haber iniciado este maratón de vida.

Maratón Berlín 26 de septiembre 2010

Después de mucha incertidumbre, decidí comprar el boleto de avión, era la primera vez en mi vida que viajaba a Europa y llegaría "sola".

Mis padres y mi marido me fueron a dejar al aeropuerto, recuerdo haber conocido a un señor de más de 50 años que había corrido una cantidad impresionante de maratones, fue muy bello platicar con él, me estuvo compartiendo sus consejos y me ayudó a bajar mi expectativa de tiempo. El avión hizo escala en Madrid sólo unas horas por lo que no hubo oportunidad de salir a conocer nada.

Finalmente llegué a Berlín, no recuerdo la hora, pero me parece que era temprano, decidí usar el metro. Fue toda una experiencia, uno podría creer que todos hablan inglés, pero no es así. Me costó mucho trabajo llegar al hotel que reservé, al final tuve que tomar un taxi que seguro me salió muy caro, pero ya estaba desesperada de no dar con el lugar.

Allá todos los taxis son Mercedes-Benz blancos impecables. Fue muy extraño que prácticamente acababa de llegar al hotel cuando al minuto, recibí un mensaje de mi "jefe" preguntándome cómo había llegado. Llegué a sentir que tenía ciertas capacidades más allá de lo evidente.

Ese día salí a conocer y caminé, caminé y caminé. Berlín es una ciudad espectacular, llena de contrastes, dónde aún puede respirarse un halo de dolor por todo lo que se vivió con el Nazismo, los campos de concentración, el muro y su caída, las Guerras, etc. Sin embargo, es impresionante cómo se ha reconstruido. La gente es amable aunque distante.

Al siguiente día también seguí obsesivamente conociendo la ciudad, mi hermana menor quedó de acompañarme en el Maratón, saber que ella estaría conmigo me daba mucha tranquilidad. Ella se acababa de mudar a Barcelona para hacer un MBA y pudo alcanzarme ese fin. Llegó por la noche, fuimos a cenar rico, por supuesto con una buena cerveza y a dormir. De las primeras cosas que me preguntó fue que cuál sería mi ropa para correr, le dije que eran unos shorts negros con un poco de rosa y blanco y una playera rosa.

- ¿Y no traes nada representativo de México?, ¿Tu playera no dice tú nombre?

Sinceramente era en lo que menos había pensado, no sé cómo, pero conseguimos un lugar donde grabaran mi nombre y país, de muy buena calidad por que aún se conserva intacta.

A medio día fuimos por el paquete del maratón y después seguimos recorriendo los lugares turísticos que son muchos. Llegamos al hotel ya de noche, agotadas. En ese momento reflexioné que no había sido buena opción querer conocer la Ciudad antes del maratón, era demasiado tarde para eso. Creo que me tomé algo para el dolor y dormí.

Los días desde mi llegada habían sido soleados y sin frío. Ese domingo 26 de septiembre del 2010 amaneció lloviendo y con baja temperatura. De nuevo mi necesidad de control se hizo presente, empecé a refunfuñar por el clima.

Nos trasladamos en metro al lugar de salida, mi hermana mi había contado que otros mexicanos amigos suyos estarían ahí.

Llamé a mis padres para saludarlos y decirles que estaba por iniciar mi maratón. Al colgar recuerdo muy bien las palabras de mi hermana:

- Disfruta cada paso, no importa el tiempo que hagas, ¡¡¡disfrútalo!!!

Casi me hizo llorar.

Entré a mi punto de salida, conocí a los amigos que mi hermana me había contado, me regalaron una mini bandera de México e Inicié el maratón con mucho ánimo.

30 de Septiembre 2021, Valle de Bravo, Edo. de México.

Continuación del relato del Maratón

Al desconectarme del tiempo, logré disfrutar el trayecto. Fue súper emocionante escuchar a todas las personas que salen a la calle para "echarte porras", los músicos afuera de restaurantes con distintos ritmos y estilos de música, las personas que fui conociendo en el camino, algunos incluso con los que corrí algunos kilómetros al mismo ritmo.

Mi hermana me encontró cerca del km 28, estaba preocupada por qué según mis cálculos, yo tendría que haber pasado por allí bastante tiempo antes, al verme se echó a correr un poco conmigo, yo iba feliz, monitoreando mi frecuencia cardiaca, pero el haber podido soltar la expectativa de llegar en menos de 4 horas y media me hizo liberar presión.

En el km 39-40 empecé a sentir que las piernas ya no me daban, comencé a sentir que podía iniciar un calambre, afortunadamente volví a ver a mi hermana, me regaló una bandera mucho más grande de

México y con las porras de los que estaban en el trayecto logré olvidar y distraerme del dolor.

Estaba a metros de cruzar la meta, cuando vi que me proyectaron en las pantallas gigantes, pusieron mi nombre y una canción "mexicana" yo no podía creerlo; pensaba que mi hermana había hecho algo para esa entrada triunfal.

Mi tiempo fue de 5:13 min, muy lejano a mi deseo de inicio, sin embargo el cruzar la meta sin ninguna lesión, sintiéndome entera, era mi mejor trofeo. Aún conservo con mucho cariño mi medalla, adicional a los 42 kilómetros recorridos, tiene un significado más profundo.

Podría continuar con mucho más historias, anécdotas y detalles míos o de mi familia. Hoy deseo con todo mi corazón cerrar con mucho amor y agradecimiento los últimos 10 años.

En la vida, a diferencia de la escritura donde podemos hacer pausas, poner comas, puntos seguidos y puntos y aparte, en la vida; todo pasa, y todo queda, así como la canción.

De mis deseos más profundos es que logres integrar la importancia del autoconocimiento, la trascendencia que tiene ser fiel a tu esencia, a tus ideales, el saber que cualquier momento es el mejor para cambiar de rumbo y dirección.

Que te de des permiso de "equivocarte" y que aprendas de tus lecciones. Que tengas la capacidad de mostrarte tal cuál eres, de saber que "ser fuerte" tiene mucho más que ver con dejarte sentir que con mostrar una postura inquebrantable.

Que el amor inicia por ti y de ahí se expande, que reconozcas el valor de conectarte de nuevo con tu intuición, que logres recordar tu poder interno, que te hagas cargo de tu vida y de tus decisiones; que consigas ser más compasivo y menos juicioso.

Que aprendas a abrazar tu luz y tu obscuridad sabiendo que las dos son parte de lo mismo y una no podría existir sin la otra. Que logres hacer de tu vida una increíble obra de arte.

Me siento con cierta nostalgia de concluir, siento que faltan mil y un detalles, al mismo tiempo, confiando en la perfección de la imperfección.

Te agradezco infinito hayas llegado al final,

"Siente, piensa y actúa en consecuencia"

El ADN de mi RE-Evolución

10 de Octubre 2021, Valle de Bravo, Edo. de México.

Estos primeros días 10 de octubre han sido de leer y releer, borrar, editar, agregar, etc.

Me está costando mucho trabajo soltar, confiar y poder dar a luz este libro que vivió en mi mente desde hace 10 años.

Hoy es un día muy representativo para darlo por concluido: es el **Día Mundial de la Salud Mental.**

Mi propósito de vida es: *"Inspirar creativamente a sanar el Universo Interior"*

Además del libro, mi forma real y tangible de darle vuelta a todo lo que viví fue creando empresas/ proyectos que ayuden a las personas a reconectar con su verdadera esencia:

- Fundadora del programa **Sueño de Sueños**, dedicado a inspirar a que los niños se mantengan conectados a su propósito de vida. @SuenodSuenos en Facebook e Instagram.

- Co-Fundadora de **Tribu de Mentes**, movimiento sin fines de lucro para desmitificar, crear consciencia y prevenir temas de depresión y ansiedad en niños para reducir el índice de suicidios. @TribuDeMentes en Facebook.

- Co-Fundadora de **DesestresArte**, empresa dedicada a reducir el estés en los empleados a través de talleres artevivenciales y viajes empresariales.

- Co-Fundadora del colectivo **Mai Kali Co**, grupo de empresas mexicanas lideradas por mujeres con soluciones de RRHH poniendo al centro a la persona.

Siéntete con la libertad de enviarme un correo a selene.serrano.garmendia@gmail.com con algún comentario, retroalimentación o reflexión sobre el libro.

Con saber que a una persona he podido ayudar, inspirar o acompañar, sentiré que fue misión cumplida.

¡AMA Nacer, cada día!

El ADN de mi RE-Evolución

Algunas referencias bibliográficas:

1. Deja de ser tú, Joe Dispenza, Ediciones Urano.

2. Inteligencia Emocional, Daniel Goleman, Penguin Random House.

3. El Placebo eres tú, Joe Dispenza, Ediciones Urano.

4. Tú Puedes Sanar Tu Vida, Louise L. Hay, Diana.

5. Muchas Vidas, muchos Maestros, Brian Weiss, Vergara.

6. Tus Zonas Mágicas, Wayne W. Dyer, Debolsillo.

7. Las 5 Leyes Biologicas y la Nueva Medicina del Doctor Hamer, Andrea Taddei.

8. SIDDHARTA, Hermann Hesse, Editores Mexicanos Unidos.

9. El Plano Sublime, RAMTHA, Sin Límites.

10. Ese elixir llamado amor, RAMTHA, Sin Límites.

11. El poder del Ahora, Eckhart Tolle, Grillalbo.

12. MI HIJO QUIERE SER ASTRONAUTA, Naomi Richards, AGUILAR.

13. Perdonar: La Llave del Reino, John-Roger, Mandeville Press.

Documentales/ links de youtube:

1. HEAL, Netflix 2017.

2. The Gerson Miracle

3. Dr. Luis Felipe Espinosa, Conexión mente-cuerpo, a través de las 5 leyes biológicas.

   https://www.concienciabio.com/index.html

4. Dra. Matelda Lisdero

   https://www.youtube.com/watch?v=HCQHrg3LyQA

5. Dr. Luis Sierra Suárez

   https://www.youtube.com/user/Ortopediaydeporte

6. Dr. Nirdosh Kohra

   https://www.youtube.com/channel/UCHqUfnJoMcnED8W92C5_Vhw

7. Médicos por la verdad,

8. https://www.youtube.com/watch?v=ocISTuOVRiE

9. The Mask you live in,

   https://www.youtube.com/watch?v=k4yFShxUb2E

10. What the Health, Netflix 2017.

11. Gwen Olsen
    https://www.youtube.com/watch?v=AazObF_pHSU&list=FLKpZ5LhxT
    c7ix9Nu-7fa8KQ&index=3

12. I am not your Guru, Netflix 2016.

13. Del estrés a la felicidad, Netflix 2020

El ADN de mi RE-Evolución

Made in the USA
Columbia, SC
28 June 2023